A2 B1

Jackson Noutchié Njiké

CIVILISATION PROGRESSIVE DE LA FRANCOPHONIE

www.cle-international.com

Crédits photographiques de la couverture :
De gauche à droite :
Christelle Delforge/Adobe Stock ; R.Babakin/Adobe Stock ; Johnny a yataco/Adobe Stock

Direction éditoriale : Michèle Grandmangin
Édition : Odile Tanoh-Benon
Maquette : Télémaque
Mise en page : CGI et Odile Tanoh-Benon
Couverture : Miz'enpage
Iconographie : Nathalie Lasserre
Corrections : Solange Kornberg
Illustrations : Eugène Collilieux

ISBN : 978-209-038224-2

AVANT-PROPOS

La *Civilisation progressive de la francophonie* est un livre pratique et concret. Il présente aux étudiants en langue française un éventail de la diversité et de la richesse des faits de culture ou de civilisation vécus dans toutes les parties du monde où le français joue un rôle privilégié. Diversité des rythmes musicaux en francophonie ? Zouglou en Côte d'Ivoire, raï en Algérie ou séga à la Réunion. Diversité de la pratique des affaires ? Nanas Benz au Togo, ndjangui au Cameroun ou zone franche à l'île Maurice. Diversité des fêtes ? Pilou-pilou en Nouvelle-Calédonie, nouvel an au Vietnam ou fête du bruit au Nouveau-Brunswick, etc.

La *Civilisation progressive de la francophonie* s'adresse à des grands adolescents et à des adultes de niveau intermédiaire ayant acquis une compétence de base en français. Après une présentation générale de la francophonie (son origine, ses instances, ses principaux animateurs, etc.), l'ouvrage développe une sélection de phénomènes culturels, sociaux, politiques et économiques des pays et territoires francophones, que nous qualifions de « phénomènes de civilisation ».

La présentation des sujets est à la fois thématique et géographique. Dix grands groupes de pays et territoires, constitués sur la base de leur proximité géographique et culturelle, sont d'abord présentés de manière générale (géographie, histoire, politique, économie, langues et religions). Ensuite, un « phénomène de civilisation » est développé pour chaque pays ou territoire de la partie concernée.

Des cartes, des photos et des encadrés apportent des éclairages particuliers sur les différents sujets, et peuvent aussi constituer une ouverture sur des débats beaucoup plus larges.

La *Civilisation progressive de la francophonie* présente une « francophonie réelle », qui diffère parfois de la francophonie officielle. Certains États membres de l'Organisation internationale de la Francophonie (OIF), c'est-à-dire l'instance politique qui regroupe les pays membres de la Francophonie dite « institutionnelle », n'ont pas été traités. En revanche sont présents dans cet ouvrage certains pays ou territoires non membres de l'OIF, mais où la langue et la culture françaises sont des réalités quotidiennes pour les gens.

La *Civilisation progressive de la francophonie* fait rimer « francophonie réelle » avec « francophonie diverse ». Cultures, modes de vie, systèmes politiques ou économiques sont différents d'un pays à l'autre, sans pour autant empêcher l'existence de liens forts.

La *Civilisation progressive de la francophonie* offre à chaque étudiant la possibilité d'approfondir et d'enrichir ses connaissances. Sur les pages de droite, plus de 500 activités permettent de vérifier les informations données sur les pages de gauche. En fin d'ouvrage, un lexique permet soit de resituer dans leur contexte les notions abordées, soit d'apporter une aide lexicale à l'utilisateur. Un livret séparé contenant les corrigés des « activités » accompagne la *Civilisation progressive de la francophonie*.

SOMMAIRE

L'ASIE DU SUD-EST

L'OCÉAN PACIFIQUE

LES CARAÏBES

L'AMÉRIQUE DU NORD

L'EUROPE

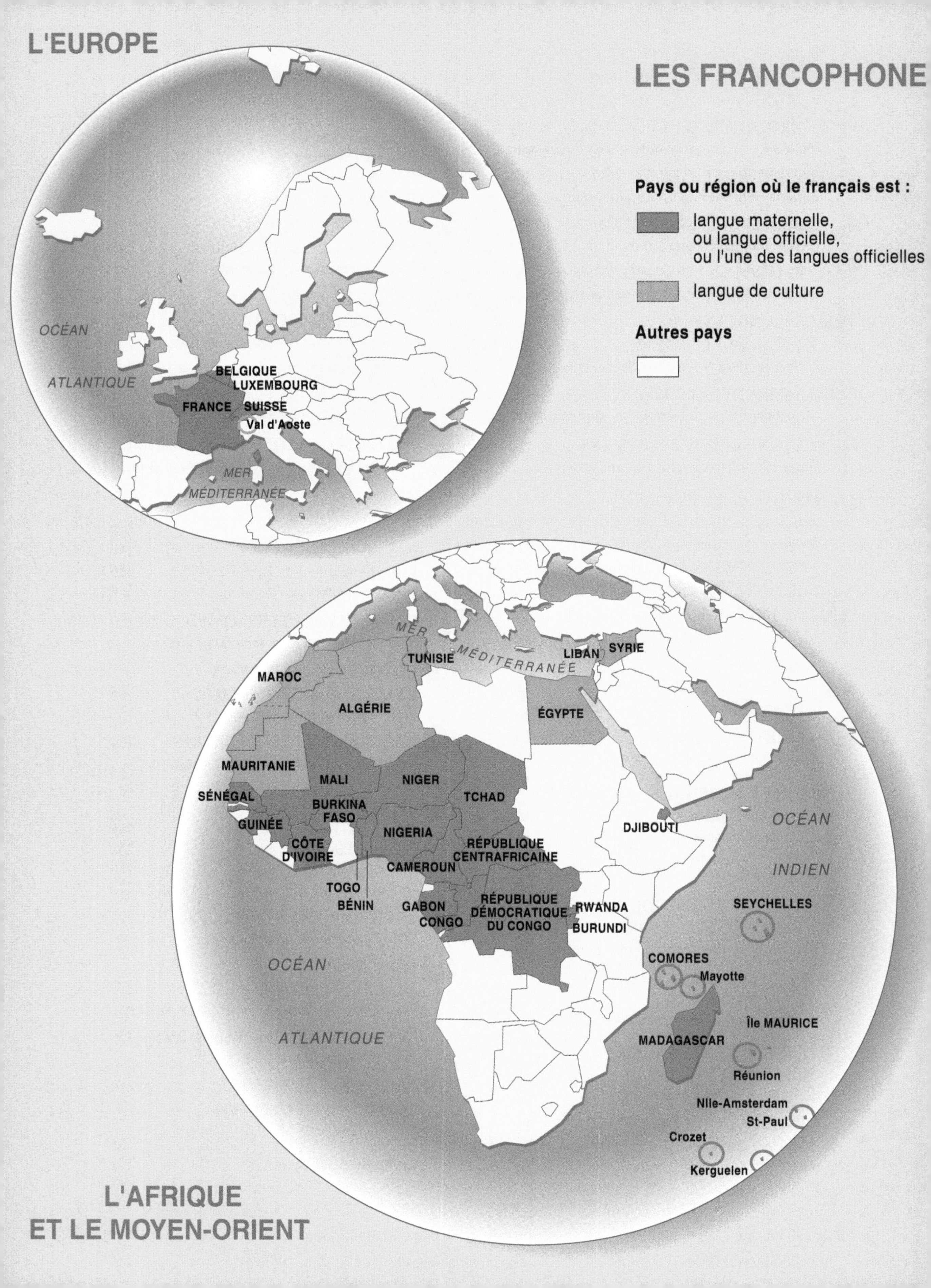
L'EUROPE
LES FRANCOPHONE
Pays ou région où le français est :
langue maternelle,
ou langue officielle,
ou l'une des langues officielles
langue de culture
Autres pays
OCÉAN
ATLANTIQUE
BELGIQUE
LUXEMBOURG
FRANCE
SUISSE
Val d'Aoste
MER
MÉDITERRANÉE
MER
MÉDITERRANÉE
TUNISIE
LIBAN
SYRIE
MAROC
ALGÉRIE
ÉGYPTE
MAURITANIE
MALI
NIGER
TCHAD
SÉNÉGAL
BURKINA
FASO
GUINÉE
NIGERIA
CÔTE
D'IVOIRE
RÉPUBLIQUE
CENTRAFRICAINE
CAMEROUN
DJIBOUTI
TOGO
BÉNIN
GABON
CONGO
RÉPUBLIQUE
DÉMOCRATIQUE
DU CONGO
RWANDA
BURUNDI
OCÉAN
INDIEN
SEYCHELLES
COMORES
Mayotte
OCÉAN
ATLANTIQUE
MADAGASCAR
Île MAURICE
Réunion
Nlle-Amsterdam
St-Paul
Crozet
Kerguelen
L'AFRIQUE
ET LE MOYEN-ORIENT

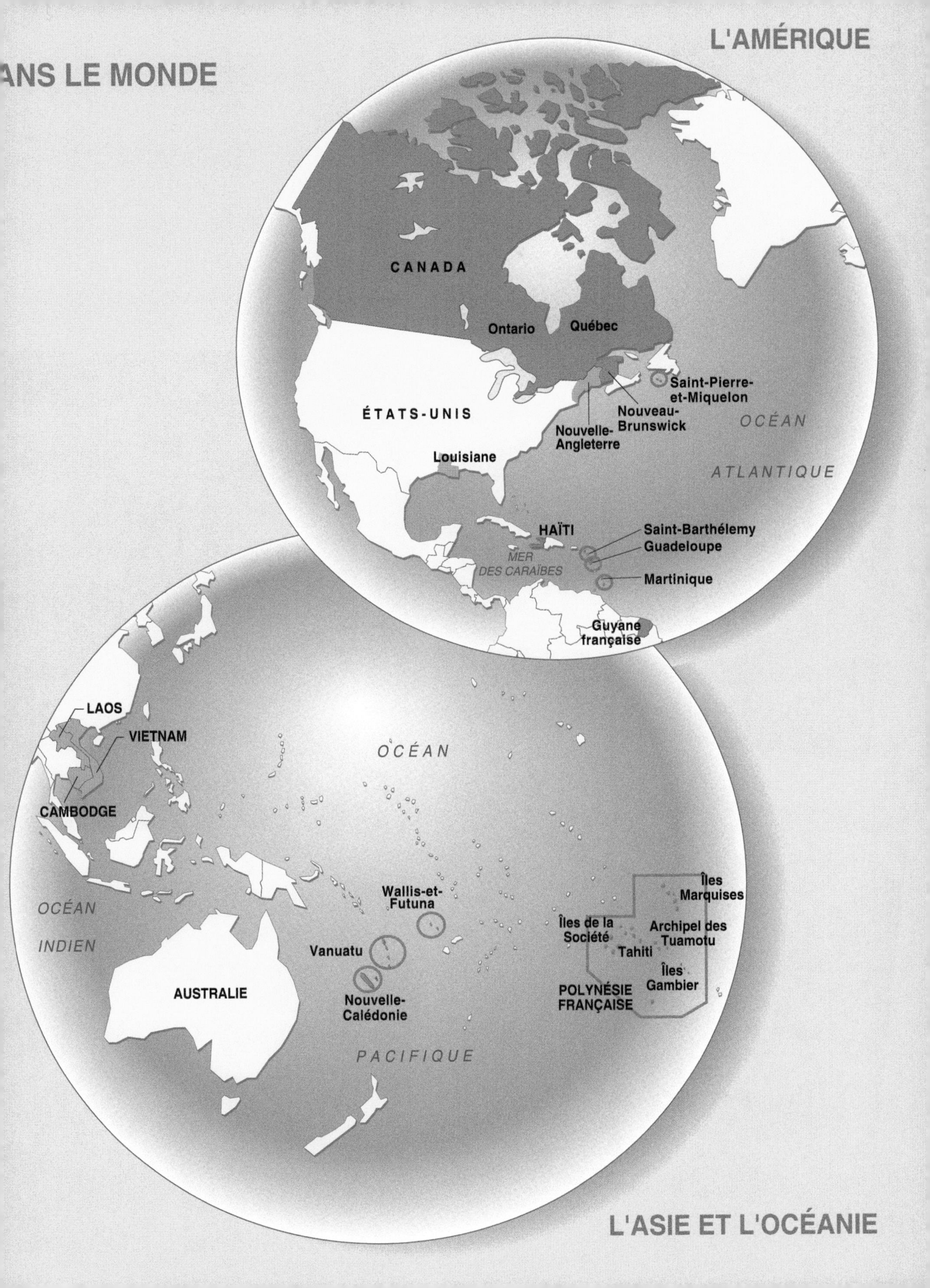

ANS LE MONDE
L'AMÉRIQUE
CANADA
Ontario
Québec
Saint-Pierre-
et-Miquelon
ÉTATS-UNIS
Nouveau-
Brunswick
Nouvelle-
Angleterre
OCÉAN
ATLANTIQUE
Louisiane
HAÏTI
Saint-Barthélemy
Guadeloupe
MER
DES CARAÏBES
Martinique
Guyane
française
LAOS
VIETNAM
CAMBODGE
OCÉAN
OCÉAN
INDIEN
Wallis-et-
Futuna
Vanuatu
Nouvelle-
Calédonie
AUSTRALIE
PACIFIQUE
Îles
Marquises
Îles de la
Société
Archipel des
Tuamotu
Tahiti
Îles
Gambier
POLYNÉSIE
FRANÇAISE
L'ASIE ET L'OCÉANIE

Quels sont les pays du monde francophone représentés sur ces photos ? Pour vérifier, reportez-vous aux pages : 20, 36, 48, 70, 110, 124, 128, 148, 162, 166, 174.

Samedi

LA FRANCOPHONIE, C'EST QUOI ?

HISTORIQUE

Le terme « francophonie » a été inventé en 1880 par un géographe français du nom de Onésime Reclus, pour désigner l'ensemble des régions du monde où on parle le français. Aujourd'hui, la francophonie désigne l'ensemble des peuples qui parlent le français, c'est-à-dire l'ensemble des peuples qui utilisent le français soit comme langue maternelle, soit comme langue officielle, ou tout simplement comme langue de culture.

Ce terme devient à nouveau populaire autour de 1960, quand la France accorde leur indépendance à la majeure partie de ses colonies* africaines. Les leaders des nouveaux États expriment le souhait de garder, grâce à la langue française, des liens privilégiés avec la France et les pays francophones des autres continents. C'est le début de la « Francophonie institutionnelle » (voir pages 12-13), avec la création de plusieurs institutions qui vont régir ces relations.

La Francophonie est composée de 49 États et gouvernements membres, de quatre États associés et de dix États observateurs.

500 millions de francophones

D'après les statistiques de la Francophonie, plus de 600 millions de personnes dans le monde s'expriment en français. Il s'agit de la population totale des pays où le français est la langue maternelle et/ou la langue officielle. Or dans ces pays, de nombreuses personnes ne savent s'exprimer qu'en langues locales, même si elles sont considérées comme francophones. Il y aurait environ 182 millions de personnes effectivement francophones dans le monde.

Les trois définitions de la francophonie

- La plus ancienne définition de la francophonie est **géographique**. Elle reste valable puisque la francophonie continue d'être un ensemble de territoires.
- La définition la plus utilisée aujourd'hui est **culturelle**, parce qu'on parle davantage des peuples. La langue française devient le lien entre des peuples différents.
- Aujourd'hui aussi, la Francophonie devient de plus en plus **un espace politique et économique**, car ses instances dirigeantes interviennent dans les affaires qui concernent l'avenir du monde, pour porter la voix des pays membres.

Quelques sites Internet

- www.francophonie.org
- www.agence.francophonie.org
- www.auf.org
- www.tv5.org
- www.France-diplomatie.fr/francophonie

Chefs d'État et de gouvernement de la Francophonie lors du sommet d'octobre 2002, à Beyrouth, au Liban.

ACTIVITÉS

1 **Parmi les métiers suivants, choisissez celui d'Onésime Reclus :**

☐ Homme politique

☐ Missionnaire catholique

☐ Géographe

☐ Aviateur

Dans la France du XIXe siècle, la famille Reclus est connue pour sa capacité à diffuser des idées nouvelles. Parmi les frères Reclus, on a Élisée, un géographe connu pour ses idées anarchistes; Élie, un écrivain; Armand, un explorateur; Paul, un médecin pionnier dans la recherche sur l'anesthésie; et Onésime, l'inventeur du terme « francophonie ».

2 Dès 1960, Léopold Sédar Senghor, le président du Sénégal, mobilise les autres chefs d'État des pays africains francophones en faveur d'une idée qui lui tient particulièrement à cœur : le renforcement des liens entre les peuples qui parlent le français dans le monde.

Quelle réponse Léopold Sédar Senghor reçoit-il ?

☐ Les autres chefs d'État rejettent cette idée.

☐ Son idée est acceptée et des institutions de la Francophonie commencent progressivement à se mettre sur pied dès cette période.

3 De 1880 à 1960, la Francophonie n'est conçue que comme un vaste ensemble géographique, qui regroupe principalement la France et ses colonies. À partir de 1960, des institutions commencent à être mises sur pied, pour établir des liens dans des domaines techniques et culturels. C'est ainsi que naît la Conférence des ministres de l'Éducation ayant en partage le français (Confemen*) ou également la Conférence des ministres de la Jeunesse et des Sports (Confejes*). En 1970 est créée à Niamey, au Niger, l'Agence de coopération culturelle et technique (ACCT), qui se transformera plus tard en Agence intergouvernementale de la Francophonie (AIF). Ces organismes développent surtout la coopération culturelle entre les membres de la Francophonie. En 1997 est créée l'Organisation internationale de la Francophonie (OIF), qui donnera un rôle plus politique au système francophone.

À partir des textes ci-dessus et ci-contre, donnez :

• les trois définitions de la francophonie :

____

____

____

• les périodes pendant lesquelles chacune des définitions s'applique :

____

____

____

4 **Les experts ne s'entendent pas sur le chiffre exact de la population francophone dans le monde. Que représentent les estimations suivantes ?**

• 600 millions : ______________________________

• 182 millions : ______________________________

Abdou Diouf, élu secrétaire général de l'Organisation internationale de la Francophonie, en octobre 2002, lors du sommet de Beyrouth.

LE SYSTÈME FRANCOPHONE

Au sommet de la hiérarchie des institutions de la Francophonie, on trouve l'**Organisation internationale de la Francophonie** (OIF). C'est **l'organe politique** de la Francophonie. Elle donne la position de l'ensemble des membres sur les sujets internationaux. Depuis 1998, elle a un statut d'observateur auprès de l'Organisation des Nations unies (ONU).

Suivent ce qu'on appelle dans le jargon de la Francophonie **les opérateurs**. L'opérateur principal est l'Agence intergouvernementale de la Francophonie (AIF). C'est elle qui met en pratique les décisions prises lors des sommets des chefs d'État. À cet effet, elle mène des actions de coopération en faveur du développement, fait la promotion de la langue française et des cultures francophones.

Les opérateurs directs sont l'Agence universitaire de la Francophonie (AUF), qui s'occupe de renforcer la coopération entre universités francophones ; la chaîne de télévision TV5, qui diffuse des programmes francophones partout dans le monde ; l'université Senghor d'Alexandrie et l'Association internationale des maires francophones (AIMF). Le système est doté d'**une assemblée consultative**, appelée Assemblée parlementaire de la Francophonie (APF).

Les instances de décision

Les grandes lignes de la politique de la Francophonie sont décidées par trois principales instances :

- La **Conférence** (ou le **Sommet**) **des chefs d'État et de gouvernement** membres de la Francophonie. Elle se réunit tous les deux ans pour définir les grandes orientations politiques de la Francophonie.
- La **Conférence ministérielle de la Francophonie** (CMF), composée des ministres des Affaires étrangères ou des ministres en charge de la Francophonie. Elle veille à l'exécution des décisions prises lors des conférences des chefs d'État et de gouvernement.
- Le **Conseil permanent de la Francophonie** (CPF), composé des représentants personnels des chefs d'État et de gouvernement membres. Il assure le suivi des décisions prises lors des conférences des chefs d'État et de gouvernement.

Les fonctions importantes

Les deux fonctions les plus importantes du système francophone sont :

- Le **secrétaire général** de l'OIF, élu pour quatre ans, lors de la Conférence des chefs d'État et de gouvernement.
- L'**administrateur général** de l'AIF, désigné également pour quatre ans par la Conférence ministérielle de la Francophonie.

ACTIVITÉS

1 **Que signifient les sigles suivants ?**

- OIF : ____________________
- AIF : ____________________
- AUF : ____________________
- APF : ____________________
- CMF : ____________________
- CPF : ____________________
- AIMF : ____________________

2 **Parmi les attributions suivantes, choisissez celle qui incombe respectivement à l'OIF, à l'AIF, à l'AUF, à TV5 et à l'AIMF :**

- Faire entendre la voix de la Francophonie sur les sujets internationaux : ____________________
- Promotion du développement, de la langue française et des cultures francophones : ____________________
- Coopération entre universités francophones : ____________________
- Diffusion des programmes de télévision en français dans le monde : ____________________
- Coopération entre les villes francophones : ____________________

3 **Des instances de la Francophonie que sont la Conférence des chefs d'État et de gouvernement, la Conférence ministérielle de la Francophonie et le Conseil permanent de la Francophonie :**

- laquelle est chargée de définir les grandes orientations politiques de la Francophonie ? ____________________
- laquelle veille à l'exécution de ses orientations politiques ? ____________________
- laquelle assure le suivi de ses orientations politiques ? ____________________

4

De 1986 à 2002 se sont tenues neuf Conférences des chefs d'État et de gouvernement membres de la Francophonie : 1986 : Paris (France) ; 1987 : Québec (Canada) ; 1989 : Dakar (Sénégal) ; 1991 : palais de Chaillot (Paris, France) ; 1993 : Maurice (Île Maurice) ; 1995 : Cotonou (Bénin) ; 1997 : Hanoï (Vietnam) ; 1999 : Moncton (Canada) ; 2002 : Beyrouth (Liban) ; 2004 : Ouagadougou (Burkina Faso).

Des dix Conférences des chefs d'État et de gouvernement membres de la Francophonie citées ci-dessus, lesquelles se sont déroulées :

- en Asie ? ____________________
- en Amérique ? ____________________
- en Europe ? ____________________
- en Afrique ? ____________________

5 **Quelle est la durée des mandats du secrétaire général de l'OIF et de l'administrateur général de l'AIF ?**

____

- **Quelle est l'instance de décision qui désigne le secrétaire général de l'OIF et celle qui désigne l'administrateur général de l'AIF ?**

____

____

En octobre 2002, lors de la Conférence des chefs d'État et de gouvernement membres de la Francophonie tenue à Beyrouth, l'ancien président du Sénégal Abdou Diouf est élu secrétaire général de l'OIF. Il succède à l'Égyptien Boutros-Boutros Ghali, ancien secrétaire général de l'ONU, lui-même élu en 1997 lors du sommet de Hanoï. Le secrétaire général de l'OIF a pour principal collaborateur l'administrateur général de l'AIF, qui est considéré comme la deuxième personnalité la plus importante de l'administration francophone.

L'AFRIQUE DE L'OUEST

Bénin, Burkina Faso, Côte d'Ivoire, Guinée, Mali, Niger, Sénégal, Togo

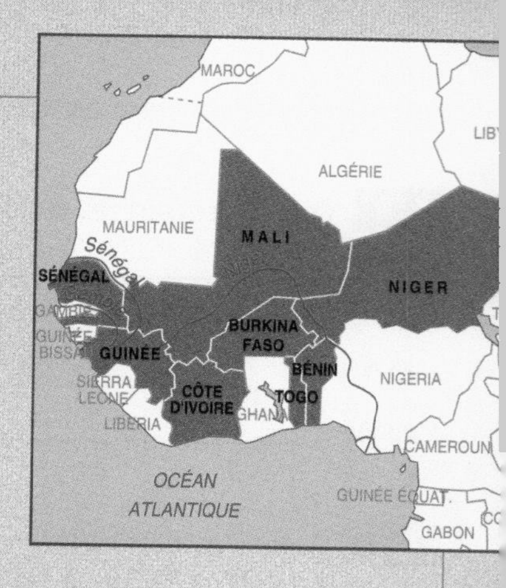

La côte sénégalaise.

HISTOIRE

Ce sont des navigateurs portugais qui ont découvert cette partie de la côte africaine au XVe siècle. Ils y établiront de grands comptoirs* de vente d'esclaves dans les principaux ports.

En 1885, les grandes puissances coloniales se sont partagé l'Afrique lors du congrès de Berlin. La plus grande partie des territoires de l'Afrique de l'Ouest revient à la France et à l'Angleterre. Ces dernières mettent fin à l'esclavage et commencent la colonisation. À partir de 1900, elles installent sur place des administrations et exploitent les ressources de ces pays. Cette colonisation prendra fin à partir de 1958.

GÉOGRAPHIE

L'Afrique de l'Ouest est ouverte sur l'océan Atlantique. Elle s'étend du Nigeria aux côtes du Sénégal, et comprend huit pays francophones. Leurs voisins sont des pays anglophones tels que le Nigeria, le Ghana, la Gambie, la Sierra Leone et le Liberia ; mais aussi lusophones, comme le Cap-Vert et la Guinée-Bissau.

Sa population augmente de plus de 3 % par an. Elle est principalement établie dans les grands centres urbains (les capitales des pays) et les zones où le climat permet une vie plus favorable.

Cette partie de l'Afrique est découpée en **deux grandes zones climatiques** :
- le Sud équatorial, avec un climat chaud et humide, d'abondantes pluies et des forêts ;
- et le Nord sahélien, avec des savanes, des steppes et des régions désertiques.

Les fleuves les plus importants qui traversent cette partie de l'Afrique sont le Niger, la Gambie et le Sénégal.

Les grands empires historiques

Selon les historiens, le premier État organisé d'Afrique noire, connu sous le nom d'**empire du Ghana**, a vu le jour en Afrique de l'Ouest vers le IVe siècle. Il allait de l'actuel Niger à la Mauritanie. Le déclin de l'empire du Ghana vers le XIIe siècle entraîna la naissance d'autres royaumes tout aussi puissants, tels que celui du Mali ou du Songhaï. L'**empire du Mali** fut créé par un guerrier resté très célèbre chez les Maliens d'aujourd'hui, du nom de **Soundiata Keita**. Il organisa son administration et mena de nombreuses guerres pour agrandir son territoire. Tout y fonctionnait un peu comme dans le monde moderne. Après la mort de Soundiata Keita, l'un de ses descendants, Kankan Moussa, fit connaître ce royaume jusqu'à La Mecque, au XIVe siècle. Mais à partir du XVIe siècle, tous ces empires vont entrer progressivement en déclin. Ils étaient affaiblis par les querelles de succession, le commerce des esclaves et l'arrivée des Européens.

ACTIVITÉS

1

De vastes superficies du Mali, du Niger et du Sénégal sont entièrement désertiques. Le climat y est sec et les sols arides. Il pleut à peine une ou deux fois par an. Au début des années 1970, ces pays ont été victimes d'une terrible sécheresse, qui a créé une grande catastrophe alimentaire. L'espoir de meilleures conditions de vie dans ces régions se situe autour des trois principaux fleuves qui les traversent, et dont les crues et les décrues rythment les saisons agricoles.

Quels sont les plus importants fleuves qui traversent l'Afrique de l'Ouest ?

- **Quels pays arrosent-ils ?**

2 **Deux pays européens obtiendront les parts les plus importantes en Afrique de l'Ouest. Qui sont-ils ?**

En 1885, des représentants de pays européens se réunissent à Berlin, en Allemagne, à la convocation du chancelier allemand Otto von Bismarck, pour se partager l'Afrique. Avant cette période, des navigateurs au service des principales puissances maritimes européennes s'arrêtaient uniquement dans les ports, pour se liver à différents commerces. Au milieu du XIXe siècle, ils veulent vraiment s'installer. À Berlin, la France, l'Angleterre, l'Allemagne, la Belgique, le Portugal et l'Espagne principalement découpent l'Afrique sur une carte et se la partagent.

3 **Quels sont les pays actuels que couvrait l'empire du Ghana ?**

4 **Quels sont les pays actuels que couvrait l'empire du Mali ?**

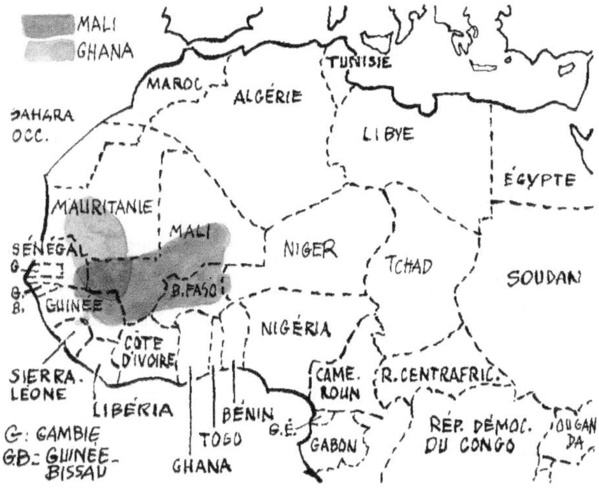

5

La légende de Soundiata Keita est enseignée à tous les jeunes Africains. Au XIIe siècle, le royaume que vient de créer son père est décimé par Soumangourou Kanté, un descendant d'une grande lignée de forgerons*. Ce dernier ne laisse la vie sauve à Soundiata Keita que parce qu'il est paralysé. Soundiata Keita, miraculeusement guéri, regagnera la direction de son royaume, aidé par une armée qu'il a lui-même fondée. Ses descendants continueront son œuvre pendant plusieurs siècles.

Quel est le descendant le plus célèbre de Soundiata Keita ?

- **Jusqu'où a-t-il fait connaître son royaume ?**

Affiches sur un train lors d'une campagne électorale au Mali.

POLITIQUE

Tous les pays francophones d'Afrique de l'Ouest sont des républiques, avec à leur tête des chefs d'État. À partir de 1990, tous se sont remis à l'**expérience démocratique** et au multipartisme*. De nombreux partis politiques, des syndicats et des associations de défense des droits de l'homme mènent de plus en plus librement leurs activités. Suite à des élections libres et transparentes, des pays comme le Mali, le Bénin et le Sénégal ont connu une alternance politique. Les autres pays éprouvent encore quelques difficultés à connaître des alternances démocratiques au niveau le plus élevé, c'est-à-dire celui de la présidence de la République. Mais on sent de plus en plus que se consolide la pratique d'élections démocratiques au niveau des instances locales.

ÉCONOMIE

En Afrique de l'Ouest francophone, l'économie repose principalement sur l'exploitation des ressources du sol (cultures du cacao, du café, du palmier à huile, du coton, etc.) et du sous-sol (bauxite, gaz naturel, manganèse, or, etc.). La locomotive économique est la Côte d'Ivoire, qui fournit 40 % du produit intérieur brut de la région. Les pays de cette région sont réunis au sein d'une zone économique qu'on appelle l'**Union économique et monétaire ouest-africaine** (UEMOA). Tous ces pays font également partie de la Communauté économique des États d'Afrique de l'Ouest (Cedeao), qui rassemble les pays francophones et les autres pays de la région.

Mais malgré leurs richesses naturelles, ces pays restent assez pauvres. Leur dette est très importante et, pour la rembourser, ils sont soumis à des programmes d'ajustement structurel conduits par le Fonds monétaire international (FMI) et la Banque mondiale.

La monnaie commune dans les pays francophones de l'Afrique de l'Ouest est **le franc CFA** (Communauté financière africaine), sauf pour la Guinée qui utilise le franc guinéen. Le franc CFA a une parité* fixe avec l'euro : 1 euro = 656 FCFA.

Les pères de l'indépendance

Les premiers présidents de l'Afrique, après les indépendances des différents pays à partir de 1958, sont appelés les « pères de l'indépendance ». Pour l'Afrique de l'Ouest, ce sont :

- *au Sénégal :* Léopold Sédar Senghor ;
- *en Côte d'Ivoire :* Félix Houphouët Boigny ;
- *en Guinée :* Ahmed Sékou Touré ;
- *au Mali :* Modibo Keita ;
- *au Togo :* Sylvanus Olympio ;
- *au Bénin :* Hubert Maga ;
- *au Burkina Faso :* Maurice Yaméogo ;
- *et au Niger :* Hamani Diori.

Dans les villes principales, des édifices comme les stades ou les aéroports internationaux sont le plus souvent baptisés de leurs noms.

ACTIVITÉS

1 **Parmi ces trois attitudes, choisissez celle que vont adopter ces chefs d'État à leur retour dans leur pays :**

☐ Durcissement des régimes
☐ Instauration du multipartisme
☐ Rupture des relations entre ces États et la France

En 1990, François Mitterrand, président de la République française, déclare lors d'un sommet entre les chefs d'État africains et la France que l'aide de son pays sera désormais conditionnée par le respect des règles de la démocratie et des droits de l'homme. Parmi ces chefs d'État, certains sont originaires des pays francophones d'Afrique de l'Ouest.

2 **Depuis ce discours de 1990, citez au moins trois pays où d'anciens opposants sont devenus, par le jeu démocratique, présidents de la République.**

____

____

3 La Côte d'Ivoire, premier producteur mondial de cacao et troisième producteur de café, fournit à elle seule plus de 40 % du produit intérieur brut de l'ensemble des pays francophones ouest-africains.

Quel est le nom de l'organisation économique sous laquelle sont réunis les pays francophones d'Afrique de l'Ouest ?

____

• **Comment appelle-t-on la monnaie utilisée par les pays francophones d'Afrique de l'Ouest ?**

____

• **Comment est la parité entre la monnaie ouest-africaine et l'euro ?**

____

4 **Comment appelle-t-on la première génération des chefs d'État des indépendances africaines ?**

En 1958, la Guinée est le premier pays d'Afrique francophone à accéder à l'indépendance. Deux ans plus tard, la plupart des autres pays suivront.

____

• **Citez les noms de ces chefs d'État et leur pays d'origine.**

____

____

____

____

____

____

____

____

____

LANGUES

L'Afrique de l'Ouest compte une dizaine de grands **groupes ethniques**, parlant diverses langues que l'on peut classer selon deux origines principales :

- Les langues parlées d'**origine nigéro-congolaise**, c'est-à-dire un mélange de langues du Sahel* et des langues bantoues* de l'Afrique centrale.
On y trouve le *bambara**, le *peul**, le *dioula**, le *moré**, les langues *akan**, le *fon**, le *yorouba**, le *malinké**, le *wolof**, etc. Toutes ces langues sont parlées dans presque tous les pays de la région. Chacune de ces langues est majoritaire dans un pays donné, mais est aussi parlée par des minorités dans les autres pays. Par exemple, le bambara est l'une des principales langues du Mali, mais est parlé par des minorités au Burkina Faso ou en Côte d'Ivoire.

- Les langues d'**origine nilo-saharienne**, c'est-à-dire un mélange de langues arabes et sahéliennes.

On y trouve principalement le *touareg** et le *haoussa**, parlés surtout au Niger et au Mali.

Les noms chez les Akan

Le groupe Akan*, très important en Côte d'Ivoire, a une règle dans l'attribution des noms aux nouveau-nés. Cette règle est fonction du jour de naissance. Si la naissance a lieu :

- *un lundi* : le garçon s'appellera Kouassi, la fille Akissi ;
- *un mardi* : le garçon s'appellera Kouadio, la fille Adjoua ;
- *un mercredi* : le garçon s'appellera Konan, la fille Amlan ;
- *un jeudi* : le garçon s'appellera Kouakou, la fille Ahou ;
- *un vendredi* : le garçon s'appellera Yao, la fille Aya ;
- *un samedi* : le garçon s'appellera Koffi, la fille Affoué ;
- *un dimanche* : le garçon s'appellera Kouamé, la fille Amouin.

Cette règle peut varier dans certains cas : le dixième enfant d'une même femme s'appellera Brou. Le onzième s'appellera Loukou.

RELIGIONS

En règle générale, les populations pratiquent un syncrétisme* religieux : même quand elles sont converties aux religions révélées (principalement islam et christianisme), elles y ajoutent toujours une part de pratiques ancestrales.

L'islam est très répandu dans la région. Vient ensuite le christianisme. En Côte d'Ivoire, dans la ville de Yamoussoukro, se trouve une basilique qui est une réplique à l'identique de la basilique Saint-Pierre de Rome, au Vatican. Dans ces pays, on trouve également de nombreuses religions protestantes venues principalement des États-Unis.

La basilique Notre-Dame-de-la-Paix à Yamoussoukro, en Côte d'Ivoire.

ACTIVITÉS

1 Connaissance des langues

- Quelles sont les deux principales origines des langues parlées en Afrique de l'Ouest ?

- Citez trois langues ouest-africaines qui ont la même origine.

- Citez deux langues ouest-africaines qui n'ont pas la même origine.

2 Donnez le jour de naissance de tous les membres de la famille de Yao :

Yao, fils de Konan et de Aya, a deux épouses : Adjoua et Ahou.

- Adjoua, sa première épouse, lui a donné six enfants, qui s'appellent respectivement Kouadio, Koffi, Amlan, Affoué, Kouakou et Akissi.
- La deuxième épouse de Yao lui a donné un seul enfant, à qui il a donné le nom de Kouamé.

- Yao : ______
- Adjoua : ______
- Ahou : ______
- Kouadio : ______
- Koffi : ______
- Amlan : ______
- Affoué : ______
- Kouakou : ______
- Akissi : ______
- Kouamé : ______

3 Remplissez l'arbre généalogique de la famille de Yao.

4 Quelles sont les deux principales religions révélées que l'on pratique en Afrique de l'Ouest ?

- **Les religions révélées sont-elles rigoureusement respectées en Afrique de l'Ouest ?**

HOMMES DE LETTRES

Léopold Sédar Senghor, un des pères de la négritude

Léopold Sédar Senghor, décédé en décembre 2001 en France à l'âge de 95 ans, est l'écrivain africain le plus célèbre. Après de brillantes études en littérature (agrégation de lettres), il publie, en 1945, un premier recueil de poèmes, *Chants d'ombre*. D'autres recueils suivront : *Hosties noires* (1948), *Éthiopiques* (1956), *Nocturnes* (1961), *Lettres d'hivernage* (1973) dans lesquels il essaie de réhabiliter les **valeurs culturelles africaines** en développant le concept de **négritude**. Senghor définit la négritude comme l'ensemble des caractéristiques culturelles et historiques des peuples noirs, qu'ils soient africains ou descendants d'anciens esclaves. Il recommande à ces peuples d'en être fiers, car ces caractéristiques seront leur apport dans ce qu'il appelle le « grand rendez-vous du donner et du recevoir ». En clair, selon Senghor, tout peuple a des valeurs qui lui sont propres, et qu'il apportera aux autres – et vice versa – pour un meilleur équilibre de l'humanité. Senghor sera aussi, de 1960 à 1980, le premier président du Sénégal. Il veillera beaucoup pendant cette période à ce que la langue française soit correctement parlée dans son pays.

Léopold Sédar Senghor, dans son habit d'académicien français.

Amadou Hampâté Bâ, un vieux sage africain.

Amadou Hampâté Bâ, un sage

Cet historien et écrivain malien, mort en 1991 à 91 ans, est considéré comme l'un des plus grands sages que l'Afrique ait connus. Il est surtout célèbre pour avoir prononcé cette phrase : « En Afrique, un vieillard qui meurt est une bibliothèque qui brûle. »

Il est un des premiers Africains à avoir suivi la double culture africaine et occidentale. Ses œuvres les plus connues sont *L'Étrange Destin de Wangrin* et *Amkoullel, l'enfant peul*, qui sont en partie autobiographiques.

Quelques grands noms de la littérature ouest-africaine et leurs principales œuvres

- Ahmadou Kourouma (Côte d'Ivoire), *Allah n'est pas obligé* (2000) ;
- Birago Diop (Sénégal), *Les Contes d'Amadou Koumba* (1947) ;
- Camara Laye (Guinée), *L'Enfant noir* (1953) ;
- Bernard Dadié (Côte d'Ivoire), *Climbié* (1956) ;
- Sembène Ousmane (Sénégal), *Les Bouts de bois de Dieu* (1960) ;
- Cheickh Hamidou Kane (Sénégal), *L'Aventure ambiguë* (1961) ;
- Mariama Bâ (Sénégal), *Une si longue lettre* (1979) ;
- Yambo Ouologuem (Mali), *Le Devoir de violence* (1968) ;
- Olympe Bhêly-Quenum (Bénin), *Un piège sans fin* (1960).

ACTIVITÉS

1 **Racontez la vie de Léopold Sédar Senghor.**

2 **Comment Senghor définit-il le concept de négritude ?**

3 Senghor parlait d'un « grand rendez-vous du donner et du recevoir ». Cela voulait dire que les différents peuples du monde peuvent donner et recevoir les uns des autres.

À partir du schéma suivant, dites ce que les peuples mentionnés peuvent apporter de positif dans la corbeille des civilisations du monde.

4 Lors d'un colloque international, un Européen demandait à Amadou Hampâté Bâ ce que lui, en tant qu'Africain, peut leur apporter à eux, les Européens. Ce dernier répondit : « Le rire que vous avez perdu. »

Pourquoi, en Afrique, les vieillards peuvent-ils être considérés comme des « bibliothèques » ?

- **Selon vous, que peut apporter le rire dans la vie des gens, au quotidien ?**

1

TRANSPORTS

les zémidjans

des motos-taxis

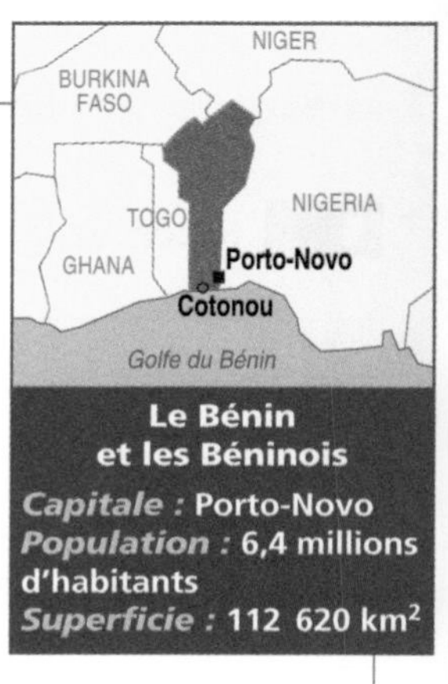

Le Bénin et les Béninois

Capitale : **Porto-Novo**
Population : **6,4 millions d'habitants**
Superficie : **112 620 km²**

Dans les rues de Cotonou ou de Porto-Novo, même habillé en costume, on n'hésite pas à emprunter les zémidjans.

AU BÉNIN, les déplacements urbains se font le plus souvent sur des motos-taxis, appelés là-bas ***zémidjans****. *Zémidjan* vient de l'expression locale *zémi* qui veut dire « prends-moi » ou « transporte-moi », et de *djan* qui est une onomatopée imitant le bruit que fait la moto quand elle s'enfonce dans les trous qui parsèment les routes.

Le phénomène des zémidjans a envahi les principales villes du pays, Cotonou et Porto-Novo, au milieu des années 80. À cette époque, le Bénin traverse une grave crise économique. Les entreprises et la fonction publique licencient en masse leur personnel. Beaucoup d'entre eux, qui possédaient déjà une moto et s'en servaient pour se rendre à leur travail, vont devenir des transporteurs. Le scénario, dans les rues, est le suivant : les zémidjans roulent sur leur moto, vous les stoppez, et ils vous conduisent où vous voulez ! Comme avantages, ils offrent des prix bas, et peuvent vous emmener jusqu'au plus profond des quartiers, là où les voitures ont de la peine à aller. Leur principal inconvénient est qu'ils sont souvent victimes de nombreux accidents de la route.

Depuis quelques années, la profession a été réglementée par l'État, qui leur a institué une tenue de couleur jaune et les oblige à payer des impôts. En travaillant comme zémidjans, de nombreux Béninois ont pu élever leur famille et même construire des maisons.

Le rôle politique des zémidjans

Les zémidjans jouent aussi un rôle politique important. Lors des campagnes électorales, ils accompagnent souvent les cortèges des candidats. Vêtus, ces jours de campagne politique, d'une tenue particulière qui leur donne des allures de gardes du corps, ils font une fanfare de leurs klaxons. Ils forment ainsi des défilés géants, où le cortège se perd dans les nuages de poussière soulevés par les zémidjans.

Être accompagné de zémidjans est très bien vu des populations, car cela peut être le signe d'une proximité avec les petites gens ou les débrouillards, qu'ils incarnent plus que quiconque dans la société.

ACTIVITÉS

1 **Quelle est l'origine du nom *zémidjan* ?**

2 **Décrivez l'activité des zémidjans.**

3 **Dans un commentaire, montrez le lien entre la crise économique et le développement du phénomène des zémidjans.**

4 **Au Bénin, une personne soutenue par les zémidjans sera considérée comme :**

☐ un dictateur
☐ proche du peuple
☐ un bon gestionnaire

En 1996, Mathieu Kérékou revient au pouvoir après avoir battu Nicéphore Soglo, un ancien fonctionnaire international travaillant au Fonds monétaire international. Durant la campagne électorale, de nombreux zémidjans se sont mobilisés en faveur de Mathieu Kérékou.

5 **Citez deux avantages et un inconvénient des zémidjans.**

6 **Quelles solutions pouvez-vous proposer pour lutter contre le principal inconvénient des zémidjans ?**

7 **Sur la carte de l'Afrique de l'Ouest de la page 180, placez le Bénin.**
Citez deux villes importantes du Bénin.

8 **Comment appelle-t-on les populations originaires du Bénin ?**

Le Bénin représente l'ancien royaume de la côte de Guinée, dont la capitale était alors la ville d'Ifé, dans l'actuel Nigeria. Avant son indépendance, il s'appelait le Dahomey.

2

CHEFFERIES

le moro naba

roi des Mossis

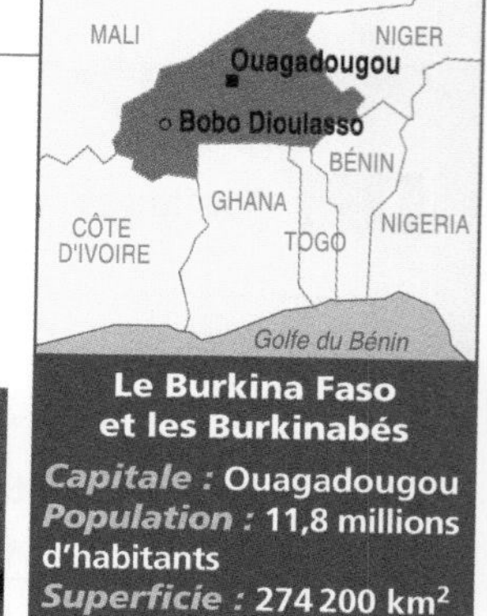

Le Burkina Faso et les Burkinabés

Capitale : Ouagadougou
Population : 11,8 millions d'habitants
Superficie : 274 200 km²

Le moro naba Baongo, qui règne sur près de 5 millions de Mossis, au Burkina Faso, dans son palais royal.

AU BURKINA FASO, près de la moitié de la population du pays est d'une ethnie* très ancienne et très connue, qu'on appelle les ***Mossis****. Les Mossis sont dirigés par un chef puissant qu'on appelle le ***moro naba****, ou *mogho naaba*, pour les puristes.

Ce royaume a été fondé vers le XVe siècle par un certain Ouédraogo (qui veut dire « étalon* » en *moré**, la langue parlée par les Mossis). Venu du nord de l'actuel Ghana, Ouédraogo conquiert toute la région autour de Ouagadougou et installe un empire organisé que les manuels d'histoire appelleront plus tard l'« empire Mossi ».

Le royaume Mossi fonctionnait ainsi : au sommet de la hiérarchie, on retrouvait le moro naba, vénéré comme un dieu. Il était désigné par des notables parmi les descendants du roi défunt.

Le moro naba était à la fois chef des armées, juge suprême et grand percepteur des impôts et taxes. Mais il avait aussi organisé autour de lui un gouvernement, dont il écoutait les avis. C'est ainsi qu'ont été mises sur pied des économies riches et prospères.

Ce royaume existe toujours. Après l'indépendance de la Haute-Volta, devenue aujourd'hui le Burkina Faso, le moro naba est resté puissant, mais ses pouvoirs sont circonscrits dans un cadre républicain. Il est toujours très écouté par tous les acteurs importants de la vie du Burkina Faso, où il joue un rôle de gardien des traditions ancestrales. Mais il n'a pas de véritable pouvoir de décision.

La place des femmes chez les Mossis

L'histoire particulière des Mossis fait que la femme a toujours occupé une place de choix dans le royaume.

La princesse Yennenga, mère du fondateur Ouédraogo, combattait comme un homme lors des guerres et montait à cheval comme personne d'autre. Elle jouait aussi un rôle de premier plan dans l'administration, tout comme les femmes qui lui ont succédé dans le rôle de reine mère.

En règle générale, les rois avaient plusieurs femmes, parfois même plus d'une vingtaine. Mais cela n'entraînait pas pour autant des problèmes dans le foyer.

ACTIVITÉS

1 Connaissance des Mossis

- Comment appelle-t-on le chef des Mossis ? ______
- D'où vient le premier de la lignée des chefs Mossis ?

______

- Vers quelle date le royaume des Mossis a-t-il été fondé ?

______

- Quelle est la langue parlée par les Mossis ?

______

- Autour de quelle grande ville les Mossis se sont-ils installés ? ______

2 Quelles étaient les fonctions du moro naba ?

______

______

3 Après l'indépendance du Burkina Faso, les moro naba sont devenus :

☐ des hommes politiques
☐ des acteurs économiques importants
☐ des conseillers écoutés et des gardiens des traditions ancestrales.

4 Pourquoi les mots *étalon* et *Yennenga* sont-ils aussi présents dans le vocabulaire burkinabé ?

______

______

______

______

______

______

Le Burkina Faso accueille tous les deux ans le Festival panafricain des arts et de la télévision de Ouagadougou (Fespaco). La récompense pour le meilleur film est appelée l'« étalon d'or de Yennenga ».

- **Faites un portrait de la princesse Yennenga.**

______

______

______

5 Sur la carte d'Afrique de l'Ouest de la page 180, placez le Burkina Faso. Citez deux villes importantes du Burkina Faso.

______

6 Comment appelle-t-on depuis cette date les populations originaires de ce pays ?

______

En 1983, un jeune capitaine du nom de Thomas Sankara prend le pouvoir en Haute-Volta. Il décide de changer le nom du pays et l'appelle *Burkina Faso*, qui veut dire en langue moré* « pays des hommes intègres ».

3

RYTHME MUSICAL

le zouglou

la danse du fou

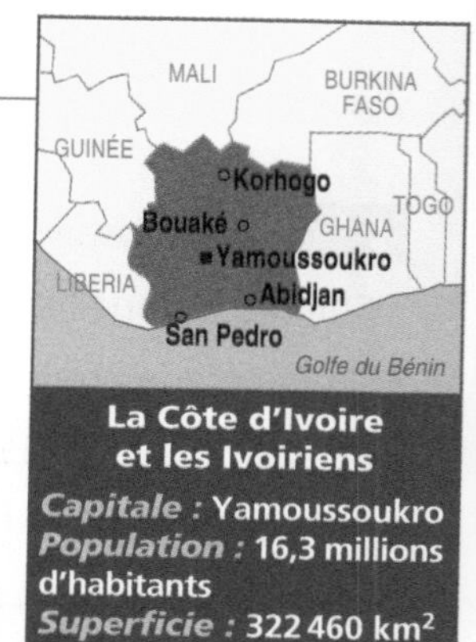

La Côte d'Ivoire et les Ivoiriens

Capitale : Yamoussoukro
Population : 16,3 millions d'habitants
Superficie : 322 460 km²

Des jeunes en train de danser le zouglou dans un « maquis » (restaurant-bar) d'Abidjan.

EN CÔTE D'IVOIRE est né en 1990 ce que certains observateurs ont qualifié de « rythme musical le plus novateur de la décennie ». Il s'agit du ***zouglou****, créé par des étudiants qui entendaient dénoncer leurs difficiles conditions de vie dans les campus et résidences universitaires.

Zouglou est un mot tiré du *baoulé**, une langue vernaculaire* ivoirienne. Plus précisément, *o ti lê zouglou* veut dire « rassemblés comme des ordures ». Les étudiants s'estimaient « rassemblés comme des ordures » dans les chambres des résidences universitaires.

Il fallait une danse pour accompagner leurs messages. L'imitation d'un fou qui faisait des grimaces en ramassant des ordures dans une poubelle a comblé ce vide. La danse zouglou se présente comme un mélange de torsions du corps et d'agitations des mains. L'improvisation est reine, et les gestes doivent le plus possible imiter le discours que véhicule la chanson.

Les chansons sont en ***nouchi****, un parler local constitué d'un mélange de français et de langues locales. Le zouglou distille toujours un message raconté sous la forme d'anecdotes pleines d'humour et de dérision. Depuis quelques années, il a dépassé les frontières de la Côte d'Ivoire pour être un de ses meilleurs ambassadeurs dans le domaine musical à travers le monde.

La richesse culturelle de la rue abidjanaise

Le zouglou révèle le potentiel de la musique de rue en Côte d'Ivoire. De nombreux groupes se forment et innovent tant au niveau de la danse que des textes. Les problèmes politiques et de société sont décryptés, sans complexes, à travers le prisme de l'homme de la rue. La plupart des musiciens viennent des quartiers pauvres et ont appris la musique dans la rue. C'est le cas par exemple du groupe Magic System, meilleure vente africaine d'albums de ces dix dernières années, avec leur titre *Premier Gaou**, qui a fait le tour du monde en 2002.

ACTIVITÉS

1 Connaissance du zouglou

- En quelle année le zouglou est-il apparu ? ______
- Quelle catégorie sociale est à la base de la création du zouglou ? ______
- Pourquoi cette catégorie sociale a-t-elle créé ce rythme ?

______

- En quelle langue le zouglou est-il chanté ? ______

2

Le nouchi* est une langue véhiculaire*, mélange du français et des langues locales, créée par les jeunes dans les cités urbaines de la Côte d'Ivoire. Le mot *nouchi* viendrait de « moustache ». Ceux qui regardaient les westerns avaient remarqué que les bandits avaient toujours un langage un peu particulier. Et comme leur chef portait généralement une moustache, ce langage particulier fut baptisé *nouchi*, dont la prononciation est proche de « moustache ». Dans les principales villes ivoiriennes, les jeunes s'expriment principalement en nouchi. Cela leur permet de se comprendre entre eux, car ils viennent d'ethnies* très différentes.

À partir du texte ci-dessus, donnez deux caractéristiques de la langue nouchi.

______

______

- **Comment la langue nouchi s'est-elle créée ?**

______

______

______

3 Ces quatre phrases sont tirées d'une chanson en nouchi, *Premier Gaou,* du groupe Magic System.

- Quels sont les expressions et les mots locaux qui sont utilisés dans ces phrases ?

> - C'est dans ma galère que la go* Antou m'a quitté.
> - Quand j'avais un peu [...]
> - On était ensemble [...]
> - L'argent est fini Antou a changé de copain.
> - On dit premier gaou* n'est pas gaou.

______

4 Sur la carte d'Afrique de l'Ouest de la page 180, placez la Côte d'Ivoire. Citez cinq villes importantes de Côte d'Ivoire.

______

______

5 Comment appelle-t-on les populations originaires de la Côte d'Ivoire ?

______

> Le premier président de la Côte d'Ivoire, Félix Houphouët-Boigny, avait souhaité que le nom de son pays ne soit prononcé qu'en français. Car les anglophones appelaient la Côte d'Ivoire *Ivory Coast* en anglais, ce qui sonnait mal, selon lui.

4

FOOTBALL

le marabout

le psychologue des joueurs

SÉNÉGAL
GAMBIE
GUINÉE BISSAU
MALI
Conakry
Kankan
SIERRA LEONE
CÔTE D'IVOIRE
OCÉAN ATLANTIQUE
LIBERIA

La Guinée et les Guinéens
Capitale : Conakry
Population : 8,2 millions d'habitants
Superficie : 245 860 km²

EN GUINÉE, le football est roi. Cela est le cas depuis les années 1970, quand l'équipe nationale du pays, qu'on appelle le Silly National, était l'une des meilleures équipes africaines. L'équipe vedette de Conakry, la capitale, qui a gagné de nombreux trophées, était redoutée de tous ses adversaires, qui la considéraient comme « une équipe très mystique ». D'après ce qui se disait à cette époque, avant chaque match important, les joueurs du Hafia Club de Conakry allaient chez un homme qui était supposé communiquer avec les ancêtres, afin d'attirer toute la chance de leur côté. Cet homme pouvait par exemple faire des gestes rituels, tels que traverser en sautant sur les jambes de tous les joueurs ou égorger un coq blanc. Ensuite, tout le monde se rendait au stade, convaincu que ses prédictions, qui annonçaient toujours une victoire, allaient se réaliser. Si ce n'était pas le cas, personne ne se plaignait, et tous étaient prêts à recommencer lors des prochains matches. Aujourd'hui, avec le recul, tout le monde sait que celui qu'il est convenu d'appeler le « marabout* de l'équipe » n'était en fait qu'un fin psychologue, un peu comme il en existe au sein des équipes des grandes nations de football comme le Brésil ou la France.

Le marabout, au centre, est en train de « désensorceler » ses patients.

Terre de football

L'Afrique est une terre de football. De nombreux jeunes jouent partout dans les rues, dans l'espoir d'attirer des recruteurs européens qui leur feront signer des contrats professionnels. Là-bas, faute de moyens, les gens jouent sur des terrains vagues. Aux deux bouts du terrain, ils déposent des pierres qui servent de buts. Le ballon est souvent fabriqué avec des herbes emballées dans un tissu, et ils jouent parfois pieds nus. Mais cela n'a jamais empêché ce continent de former des grands champions comme Roger Milla ou Georges Weah.

ACTIVITÉS

1 Le football en Guinée

• Quelle est la place du football dans la hiérarchie des sports en Guinée ?

____

• Quel est le nom de l'équipe nationale de Guinée ? ______________________________

2 Décrivez la préparation du match au Hafia Club de Conakry, telle que le racontent certains anciens.

____

____

____

3

À l'origine, le marabout est un mystique musulman qui mène une vie contemplative et se livre à l'étude du Coran. Par la suite, dans les régions musulmanes d'Afrique, les marabouts auront également des activités de devin et de guérisseur*. Et avec l'avènement de la société marchande, un grand nombre d'entre eux mettront leurs pouvoirs au service des plus riches. Ils exercent principalement dans le domaine du football, de la politique et des affaires.

Comparez le travail du marabout avec celui du psychologue.

____

____

____

4

En 2002, la Coupe du monde s'est déroulée au Japon et en Corée, et l'équipe de football du Sénégal a battu celle de la France, lors du match d'ouverture. Zinedine Zidane, le meneur de jeu de l'équipe de France, était absent de ce match, car il avait été blessé au cours d'un match de préparation, quelques jours plus tôt. Certains ont affirmé que c'étaient les marabouts* qui avaient blessé Zidane. D'autres soutiennent que la victoire du Sénégal est due à la composition de son équipe, constituée d'exellents joueurs comme El Hadj Diouf, Khalilou Fadiga ou Salif Diao.

Citez deux footballeurs africains très connus. ______________________________

5 Sur la carte d'Afrique de l'Ouest de la page 180, placez la Guinée. Citez deux villes importantes de Guinée.

____

6 Laquelle de ces trois Guinée est francophone ?

L'Afrique comprend plusieurs pays qui portent le nom de Guinée : la Guinée équatoriale, la Guinée Bissau et la Guinée-Conakry.

____

• Comment appelle-t-on les populations originaires de cette Guinée ?

____

5

TRADITIONS

les griots

maîtres de la Cour

Le Mali et les Maliens
Capitale : Bamako
Population : 11,7 millions d'habitants
Superficie : 1 240 000 km²

Un griot jouant de son instrument fétiche, la cora.

AU MALI, on trouve beaucoup de **griots***, dont le travail consiste à transmettre l'histoire de l'Afrique de génération en génération. Dans le royaume nommé « empire du Mali » à partir du XIIIe siècle, ils avaient une place très importante auprès du roi. Ces gens, qui montraient à la fois des qualités de journalistes, de communicateurs, de musiciens, de sociologues et même de psychologues, chantaient à longueur de journée l'histoire du royaume et de son roi et, lors des guerres par exemple, ils jouaient un rôle important dans la motivation des troupes. C'étaient des poètes et des musiciens hors pair, qui jouaient parfaitement d'un instrument qu'on appelle la **cora***. Ils savaient également faire rire les gens.

Ils jonglaient entre anecdotes et proverbes drôles et instructifs. C'étaient des sages, dont les paroles étaient toujours prises au sérieux. Mais ils pouvaient aussi se transformer en dangereux conseillers du roi si ce dernier était facilement influençable. C'est pourquoi, pour beaucoup, les griots apparaissaient aussi comme de redoutables intrigants. Dans la cour du roi, il valait mieux être en bons termes avec le griot.

Des descendants de grandes familles de griots sont devenus de grands musiciens. C'est le cas par exemple de **Mory Kanté**, qui, avec son album *Yéké yéké*, a été disque d'or en France en 1986, ou de **Salif Kéïta**, un musicien malien très connu.

Si la base la plus connue reste le Mali, on trouve les griots dans presque toute l'Afrique de l'Ouest.

Certains griots deviennent des mendiants

Depuis quelques années, on assiste à une dérive de l'activité des griots. Quand des personnalités arrivent dans une grande cérémonie, ces griots les entourent et se mettent à chanter des messages du style : « tu es le plus fort », « tu es le plus intelligent », « personne ici ne peut rivaliser avec toi », etc. Dans le parler des griots, ces flatteries très imagées se diront par exemple ainsi : « tu es aussi fort que mille lions ! », ou « personne ne peut tirer une corde avec toi ». C'est ainsi qu'ils se voient offrir quelques billets ou tout autre bien matériel. Le phénomène est tel qu'en Afrique on qualifie de griots tous ceux qui ont tendance à flatter les autres de manière intéressée. Heureusement que des vrais griots continuent toujours d'exister.

ACTIVITÉS

1 **En quoi consiste le travail des griots ?**

2 **Quelles sont les qualités des griots qui correspondent aux métiers suivants ?**

- Journaliste :
- Musicien :
- Sociologue :
- Psychologue :

3 **Des descendants de familles de griots sont devenus de très grands musiciens africains. Citez-en deux parmi les plus connus :**

4 **Selon vous, la presse peut-elle être totalement libre, même dans les pays développés ?**

En Afrique, la presse a été longtemps aux ordres du pouvoir politique. Elle devait encenser les principaux dirigeants au pouvoir, et se taire sur leurs plus gros défauts. C'est pourquoi, à cette époque, certains journalistes étaient traités de griots*.

5 **Sur la carte d'Afrique de l'Ouest de la page 180, placez le Mali.**
Citez deux villes importantes du Mali.

6 À la fin des années 1950, le Soudan français forme avec le Sénégal une fédération, qui est baptisée *Mali*, en référence au nom que portait le célèbre empire mandingue*. En 1960, cette fédération est dissoute. Mais le Soudan français (Soudan veut dire « pays des Noirs ») décide de garder le nom de Mali.

Comment appelle-t-on les populations originaires du Mali ?

6

VIE QUOTIDIENNE

le chameau

un animal indispensable

Le Niger et les Nigériens

Capitale : Niamey
Population : 11,2 millions d'habitants
Superficie : 1 267 000 km²

AU NIGER, on a du mal à imaginer ce que serait la vie d'une grande partie de la population, sans le **chameau**. (Ce terme générique, utilisé dans toute l'Afrique de l'Ouest, ne fait pas de distinction entre le chameau à deux bosses et le chameau à une bosse ou dromadaire, dont il est question ici.) Dans ce vaste pays désertique, les chameaux servent principalement à transporter les hommes et les marchandises. Selon les historiens, sans le chameau, le désert nigérien serait resté inhabité. Son apparition vers le Ve siècle va permettre le peuplement de cette partie de l'Afrique. Très vite, des caravanes de chameaux vont s'organiser autour du commerce de l'or et du sel, et amener la prospérité économique dans cette région.

Mais depuis quelques années, les chameaux servent aussi à beaucoup d'autres choses : leur pelage peut être tissé pour fabriquer des tapis, des tentes et des vêtements ; leur fumier* est brûlé et sert de combustible ; leur peau est utilisée comme récipient pour conserver de l'eau ; et ils constituent une excellente source de viande et de lait dans des zones où l'agriculture et l'élevage sont difficiles.

Pour toutes ces raisons, ne pas disposer d'un chameau est considéré dans le pays comme un signe d'extrême pauvreté. Dans les déserts comme dans les villes, il est très fréquent de rencontrer ces grands animaux chargés de produits, un peu comme on croise des poids lourds sur les autoroutes des pays développés, allant ravitailler les coins isolés.

Le « fromage de chameau »

Depuis quelques années, des recherches et des expérimentations en Arabie saoudite et en Tunisie ont permis la fabrication du « fromage de chameau ». Auparavant, il était difficile de faire cailler du lait de dromadaire ou de chamelle. On sait aujourd'hui qu'en y ajoutant du phosphate de calcium, on obtient de très bons résultats. À partir de cette technique, on fabrique par exemple au Niger le ***tchoukou****, un fromage traditionnel de très bonne qualité.

Une caravane de dromadaires dans le désert nigérien.

ACTIVITÉS

1 **Le chameau au Niger**

• Vers quelle période les premiers chameaux sont-ils apparus au Niger ?

• À quoi servent principalement les chameaux dans ce pays ?

• Quels autres avantages les Nigériens peuvent-ils tirer des chameaux ?

2 **En quoi le chameau est-il un animal indispensable pour le Niger ?**

3

Les nomades* d'Afrique de l'Ouest ont du mal à commercialiser leur « fromage de chameau » en Europe ou en Amérique. Si leurs produits trouvent facilement des clients, ils sont cependant bloqués par les services vétérinaires. Ces derniers affirment qu'il n'y a aucun moyen de vérifier si ces animaux ont eu ou non la fièvre aphteuse*. Mais, depuis quelques années, ces pays, à travers de nombreux travaux menés par des scientifiques, ont pu démonter qu'aucun cas de fièvre aphteuse n'avait jamais été découvert chez un chameau. Aujourd'hui, le blocage se situe ailleurs : l'Union européenne demande que l'on procède mécaniquement à la traite du lait, ce qui est impossible par manque de moyens. Et le « fromage de chameau », pourtant bon, ne peut donc pas être vendu en Europe.

Comment fabrique-t-on du « fromage de chameau » ?

• **Quel est le nom donné au « fromage de chameau » fabriqué au Niger ?**

4 **Sur la carte d'Afrique de l'Ouest de la page 180, placez le Niger.**
Citez deux villes importantes du Niger.

5

Le Niger et le Nigeria sont deux pays voisins d'Afrique de l'Ouest. Tous les deux tiennent leur nom de l'un des plus importants fleuves de la région, le Niger. En français, les populations originaires du Nigeria sont appelées des Nigérians.

Comment appelle-t-on les populations originaires du Niger ?

7

RELIGION

les mourides

des musulmans dynamiques

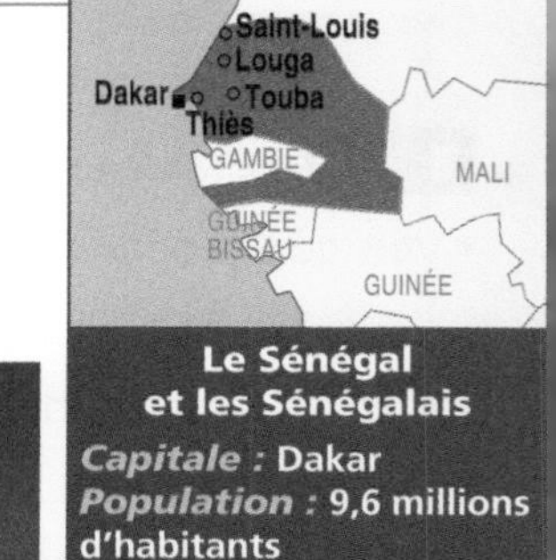

Le Sénégal et les Sénégalais

Capitale : Dakar
Population : 9,6 millions d'habitants
Superficie : 196 720 km²

Fidèles mourides devant la grande mosquée de Touba, la capitale de leur confrérie.

AU SÉNÉGAL, la majorité de la population est musulmane, mais très peu de gens pratiquent un islam orthodoxe. Ils sont nombreux à être dans des **confréries***, dont l'une des plus connues est celle des ***mourides****. La confrérie des mourides a été fondée en 1853 par Amadou Bamba Mbacké, mort en 1907. Leur ville sainte est Touba, située à environ 200 kilomètres de Dakar, la capitale du pays.

Mouride vient de *mourit*, qui en langue locale veut dire « aspirant ». Le mouride se doit d'être dévoué au ***sérigne**** (le grand marabout, ou chef de la confrérie) et d'accorder une place importante au travail. Conséquence : les mourides sont connus pour être de grands commerçants, installés dans presque tous les pays du monde. Ils considèrent comme un devoir de redistribuer une grande partie de leur richesse; sinon, ils courent le risque d'être frappés par le malheur. Le rêve de tout mouride est d'être enterré, après sa mort, dans la ville sainte de Touba. C'est pourquoi une parcelle de terre dans cette ville est de loin la plus chère au Sénégal, et seuls les riches peuvent se l'offrir. Les mourides ont la réputation d'être des musulmans tolérants, qui vivent en harmonie avec les autres religions.

Le grand magal de Touba

Une fois par an a lieu à Touba un important pèlerinage : le ***magal****. Il s'agit de la commémoration du départ en exil du fondateur de la confrérie, en 1895. Plus d'un million de personnes convergent alors vers cette ville, qui en temps normal ne compte même pas cent mille habitants.

Les fidèles viennent de partout dans le monde pour se retrouver autour d'un des descendants de Mamadou Bamba, qu'on appelle le sérigne de Touba. Les journées sont ponctuées de prières, de conciliabules et de repas conviviaux à base de mouton et d'autres animaux sacrifiés* pour la circonstance.

Ces manifestations donnent lieu à de nombreuses offrandes au sérigne ainsi qu'aux plus pauvres.

Les magals sont le plus souvent marqués par la présence des principaux hommes politiques du Sénégal.

ACTIVITÉS

1 Connaissance des mourides

• Qui est le fondateur de la confrérie des mourides ?

• Quelle est la ville sainte des mourides ?

• Comment appelle-t-on le plus important pèlerinage des mourides ?

2

Parmi les mourides se trouve une caste connue, qu'on appelle les ***baye-fall****. Il s'agit de jeunes que l'on croise le plus souvent dans les rues du Sénégal, portant des gris-gris* en tous genres. Ils sont souvent vêtus de grands boubous* multicolores et laissent pousser leurs cheveux à la mode rasta*. Ce sont des élèves des marabouts* mourides, descendants de Cheikh* Ibra Fall, le plus fidèle compagnon du fondateur de la confrérie. Comme leur aïeul, les baye-fall restent fidèles à leur maître, c'est d'ailleurs pourquoi beaucoup d'entre eux consacrent toute leur vie à leur marabout. Ils peuvent même aller jusqu'à mendier dans les rues, pour pouvoir aider leur maître à subvenir aux besoins de sa famille.

Quelles sont les lignes directrices qui guident la doctrine mouride ?

3 Quel est le souhait de tout mouride après sa mort ?

4 Quels sont les moments les plus importants de la journée des adeptes, lors des pèlerinages des mourides ?

5 Sur la carte d'Afrique de l'Ouest de la page 180, placez le Sénégal. Citez cinq villes importantes du Sénégal.

6 Comment appelle-t-on les populations originaires du Sénégal ?

Le nom Sénégal désigne à la fois un pays et un fleuve, qui sert de frontière entre les pays Sénégal, Mali et Mauritanie. Sénégal vient du mot wolof* *sunugal*, qui veut dire « notre pirogue ».

8

COMMERCE

les nanas Benz

une fabuleuse histoire

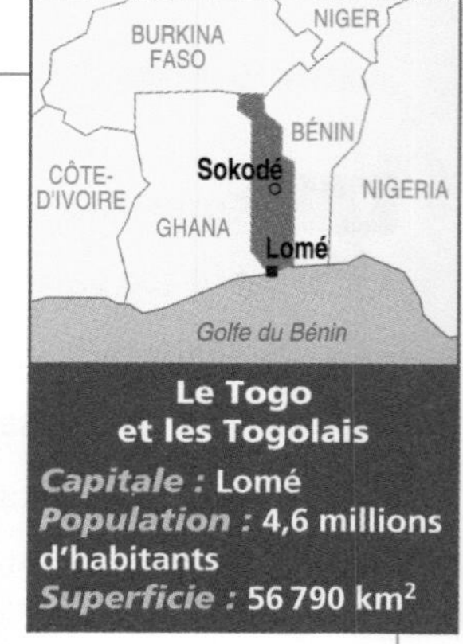

Le Togo et les Togolais

Capitale : Lomé
Population : 4,6 millions d'habitants
Superficie : 56 790 km²

Des nanas Benz exposent leurs pagnes devant leurs véhicules préférés, les Mercedes Benz.

AU TOGO, on vous parlera beaucoup des ***nanas Benz****, ces femmes d'affaires très avisées qui ont fait fortune dans le commerce des **pagnes***. On les appelle ainsi pace qu'une fois fortune faite, elles s'achetaient systématiquement une voiture de la marque allemande Mercedes Benz.

Selon des sources de la Communauté économique des États de l'Afrique de l'Ouest (Cedeao), pendant les années 1970-1980, les nanas Benz détenaient jusqu'à 40 % des affaires commerciales du Togo. Bien qu'illettrées, elles allaient acheter des pagnes et autres vêtements pour dames chez des fabricants occidentaux, avec lesquels elles avaient préalablement négocié un prix très avantageux. Elles revenaient ensuite les vendre sur tout le marché de l'Afrique de l'Ouest.

Ces femmes étaient aussi la cible des « roméos* » togolais qui voulaient soutirer une partie de leurs richesses. Ces hommes, généralement jeunes et beaux, étaient appelés des « bourses nanas Benz ».

Depuis le début des années 1990, les nanas Benz sont sur le déclin. Leurs activités ont chuté parce que la conjoncture économique du pays s'est beaucoup dégradée, mais aussi parce qu'elles ne bénéficient plus des nombreux avantages que leur offrait le système politique à parti unique qui était à cette époque en vigueur au Togo. Mais les nanas Benz n'ont pas perdu l'espoir de retrouver leur gloire passée.

Le pagne et les Africaines

Pour les Africaines, **le pagne** véhicule des valeurs d'authenticité* ou tout simplement de terroir. Dès qu'une femme porte un pagne, elle apparaît immédiatement comme attachée aux coutumes africaines. Pourtant, le pagne n'est pas toujours fabriqué en Afrique. Du moins, la meilleure qualité, celle dont les femmes africaines raffolent. Il vient surtout de Hollande, où, à partir des motifs inventés et dessinés en Afrique, on fabrique du tissu ***wax****, qui est de loin le plus prisé.

Les femmes peuvent porter ces tissus sous forme de grandes robes ou de tailleurs cousus par des couturiers locaux très spécialisés. Dans les deux cas, elles ajoutent toujours un foulard du même tissu. Cela rend le tout plus élégant et plus exotique.

ACTIVITÉS

1 Connaissance des nanas Benz

• Quelle est l'activité des nanas Benz ?

___

___

• Pourquoi les appelle-t-on ainsi ?

___

• Trouvez trois adjectifs qui décrivent le mieux les nanas Benz ?

___

___

• D'où viennent les pagnes que commercialisent les nanas Benz ?

___

2 Racontez l'évolution de l'activité des nanas Benz.

___

___

___

3 Complétez le tableau suivant, en donnant le nom d'un pays où peut se dérouler chacune des parties de la filière du tissu wax.

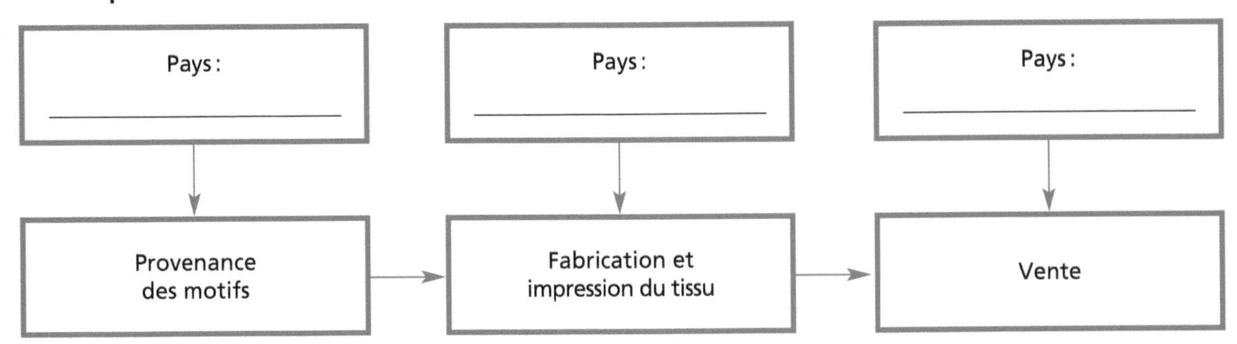

4 Sur la carte d'Afrique de l'Ouest de la page 180, placez le Togo. Citez deux villes importantes du Togo.

___

___

5

Le nom Togo vient de *togodo*, qui veut dire en langue locale « bord de l'eau ». Pendant plusieurs années, le Togo a été appelé « la Suisse de l'Afrique », car les populations de la capitale veillaient à ce que leur ville soit toujours propre.

Comment appelle-t-on les populations originaires du Togo ? ___

L'AFRIQUE CENTRALE

Cameroun, République centrafricaine, Congo, Gabon, Tchad

La forêt dense d'Afrique centrale.

GÉOGRAPHIE

L'Afrique centrale est, sur le plan géographique, **une Afrique en miniature**. L'ensemble des végétations, des reliefs et des climats africains y sont représentés. Une grande partie du nord du Tchad est désertique ; le nord du Cameroun et de la République centrafricaine est jalonné de steppes et de savanes ; et Cameroun, République centrafricaine, Gabon et Congo disposent d'une importante forêt dense, traversée par le fleuve Congo, long de 4 700 kilomètres. Cette région est, après l'Amazonie, le principal pôle d'équilibre écologique de la planète.

L'importance des pluies dans cette région diminue du nord (Tchad) au sud (Gabon, Congo). Cependant les zones côtières, influencées par des microclimats locaux, dérogent le plus souvent à cette règle. L'ouest du Cameroun est montagneux. Le mont Cameroun, l'un des plus hauts sommets du Cameroun, culmine à 4 095 mètres, et reste un volcan actif.

La population d'Afrique centrale augmente d'environ 3 % par an. Elle se concentre essentiellement dans les villes principales, laissant ainsi des zones entières dépeuplées.

HISTOIRE

Le premier État connu des historiens dans la région est celui du **Kanem**, qui se développa autour du lac Tchad (nord du Cameroun, République centrafricaine, Tchad) vers le XIe siècle. Il a atteint son apogée à la fin du XVIe siècle avant de sombrer du fait de querelles internes.

Les premiers habitants de la partie sud sont les Pygmées*. Ils seront rejoints par des Bantous* venus du nord de l'Afrique.

C'est autour du XVe siècle que des navigateurs portugais découvrirent les côtes de l'Afrique centrale. Ils y pratiquèrent principalement le commerce des esclaves. La colonisation débuta à la fin du XIXe siècle ; au congrès de Berlin en 1885, l'Allemagne obtient le Cameroun et la France, les autres pays. Après la défaite de l'Allemagne lors de la Première Guerre mondiale, le territoire camerounais fut partagé entre la France et l'Angleterre. La France regroupa ses colonies* au sein de l'**Afrique-Équatoriale française** (AEF) et les inclut dans son empire colonial, jusqu'aux indépendances de tous en 1960.

Le golfe de Guinée

Les pays d'Afrique centrale francophone ont accès à l'océan Atlantique à partir du golfe de Guinée. Si on observe la carte du monde, on constate que cette partie de l'Afrique s'imbrique parfaitement dans la côte est du Brésil. C'est ce que les historiens appellent la théorie de la dérive des continents : la terre ne formait qu'un seul bloc, il y a plusieurs milliers d'années, avant de se diviser. On a aussi remarqué, dans cette partie est du Brésil, de nombreuses pratiques religieuses et mystiques qui sont très proches de celles des pays africains du golfe de Guinée.

ACTIVITÉS

1 **Dites pourquoi certains appellent l'Afrique centrale l'« Afrique en miniature » ?**

Girafes dans la savane camerounaise.

2 **Décrivez chacun des paysages que l'on peut trouver en Afrique centrale.**

- La forêt :
- La savane :
- Le désert :

3 **Quel est le premier État organisé de l'Afrique centrale ?**

4 **Quels sont les premiers habitants de l'Afrique centrale ?**

5 **Quelle fut la répartition, entre la France et l'Allemagne, des actuels pays francophones de l'Afrique centrale, lors du congrès de Berlin en 1885 ?**

6 **Quel est le nom sous lequel la France a regroupé son empire colonial d'Afrique centrale ?**

7 **La dérive des continents**

- En quoi consiste la théorie de la dérive des continents ?
- À partir du schéma ci-contre, montrez comment elle s'applique à ces deux continents.

AFRIQUE
AMÉRIQUE DU SUD

La plate-forme pétrolière de N'Kossa, en République du Congo.

POLITIQUE

Les pays francophones d'Afrique centrale sont des républiques, avec à leur tête des chefs d'État. Le système politique est, dans la plupart des cas, présidentiel, c'est-à-dire qu'il accorde une grande importance à la fonction du chef de l'État. Depuis 1990, ils vivent une **expérience démocratique** et multipartiste*. De nombreuses élections s'y sont déroulées, avec la participation de candidats de partis différents. Ces élections ont entraîné des alternances à la tête des États, même si, dans certains pays, des situations de conflits relativisent aujourd'hui ces résultats après les élections.

La situation de la presse a aussi beaucoup évolué, et il n'est pas rare de voir les journaux locaux afficher des gros titres où les chefs d'État sont sévèrement caricaturés.

ÉCONOMIE

Le golfe de Guinée est une région riche en pétrole. Le Cameroun, le Gabon et le Congo et, tout récemment, le Tchad en sont producteurs. Le pétrole constitue la principale ressource d'exportation de tous ces pays, excepté le Cameroun qui peut compter également sur son agriculture.

Le Cameroun est l'un des grands producteurs mondiaux de cacao et de café. Il réalise à lui seul près de la moitié du produit intérieur brut de la région. Tous ces pays sont soumis à des programmes de réformes du Fonds monétaire international (FMI) et de la Banque mondiale depuis la fin des années 80.

Les cinq pays d'Afrique centrale francophone, ainsi que la Guinée équatoriale, une ancienne colonie* espagnole devenue ces dernières années un grand producteur de pétrole, ont formé la **Communauté économique et monétaire de l'Afrique centrale (Cemac)**. Ils utilisent la même monnaie, le **franc CFA** (Communauté financière africaine), qui a une parité fixe* avec l'euro : 1 euro = 656 FCFA.

L'empereur Jean-Bedel Bokassa

Ce colonel de l'armée centrafricaine a pris le pouvoir en 1966, à la suite d'un coup d'État. Devenu général, puis maréchal, il se proclama président à vie en 1972. Comme il cherchait toujours un titre supérieur à celui qu'il avait déjà pour assouvir sa soif de pouvoir, il se fit sacrer empereur en 1976. Personnage provocateur, il organisa de fastueuses cérémonies de couronnement qui ruinèrent le pays. Il fut renversé par l'armée en 1979, avant de mourir dans le dénuement le plus total en 1996.

ACTIVITÉS

1 **Quel est le statut politique des États de l'Afrique centrale ?**

____

2 **Selon vous, que peut vouloir dire le gros titre de journal ci-contre ?**

____

____

____

____

____

____

A l'écoute du peuple

Le Messager

Directeur Général.: Pius N. NJAWE

N° 1405 DU LUNDI 26 AOUT 2002 — Cameroun : 300 F. CFA - Afrique : 375 F. CFA - Europe : 2,75 Euros

REMANIEMENT MINISTERIEL

Voici le gouvernement de fermeture

3 **À partir du texte et de vos recherches personnelles, donnez le nom des pays d'Afrique centrale producteurs des produits suivants :**

- le pétrole : ______________________________
- le cacao : ______________________________
- le café : ______________________________
- le bois : ______________________________
- les diamants : ______________________________

4 **Que signifient les sigles suivants ?**

- Cemac : ______________________________

____

- FCFA : ______________________________

____

Regroupant six pays d'Afrique centrale (Cameroun, République centrafricaine, Congo, Gabon, Guinée équatoriale et Tchad), la Cemac a pour objectifs principaux :
- l'établissement d'une union plus étroite entre les peuples de ces pays ;
- l'élimination des entraves au commerce entre les pays ;
- la création d'un marché commun africain.

5 **Racontez le parcours de Jean-Bedel Bokassa.**

____

____

____

____

Des danseuses de l'ethnie fang*, au Gabon.

LANGUES

Les langues parlées en Afrique centrale appartiennent à trois groupes :

• Le **groupe bantou***, constitué des ethnies* du sud du Cameroun, du Gabon, du Congo et d'une partie de la République centrafricaine. Les noms de ces ethnies commencent toujours par la particule *ba*, qui veut dire « les ». Exemple : les *Bamilékés** au Cameroun, les *Betis** au Cameroun et au Gabon, les *Bakongos** ou les *Bangalas** au Congo. Les principales langues parlées par les Bantous sont : le *bamiléké*, l'*éwondo** et le *bassa** (au Cameroun), le *fang** (au Gabon), le *lingala** (au Congo).

• Le **groupe nigéro-congolais**. On y trouve surtout la langue *sango**, parlée en République centrafricaine.

• Le groupe **nilo-saharien**, qui est de l'arabe mélangé à des dialectes* locaux, parlé principalement au Tchad.

Au Cameroun, un quart de la population est anglophone. Cela est dû à la colonisation de cette partie du Cameroun par l'Angleterre. Certaines populations parlent une forme de **pidjin*-english**, mélange simplifié d'anglais et de langues locales.

RELIGIONS

La religion dominante en Afrique centrale est le christianisme. Le sud du Cameroun, la République centrafricaine, le Gabon et le Congo ont été majoritairement christianisés pendant la période coloniale. Le nord du Cameroun et une partie du Tchad sont, quant à eux, majoritairement musulmans. On y trouve aussi des poches importantes d'**animisme**.

Mais, même dans ces régions christianisées ou islamisées, de nombreuses pratiques ancestrales subsistent. Ainsi, les Bamilékés au Cameroun pratiquent beaucoup la polygamie et vouent un important culte aux crânes des morts. Au Gabon et en Centrafrique, de nombreux rites magiques subsistent pour célébrer les grands moments de la vie de la communauté tels que les naissances, les décès, l'intronisation* des chefs traditionnels, etc.

Proverbes

En Afrique centrale, la sagesse populaire s'exprime le plus souvent sous forme de proverbes. Mais à la différence de l'Afrique de l'Ouest par exemple, ces proverbes n'ont pas forcément une origine historique, mais se développent à partir de faits quotidiens de la société. En voici quelques-uns :

- « C'est par respect que l'éléphant vient dans votre champ dans la nuit. S'il y venait le jour, que feriez-vous ? »
- « La chèvre broute là où elle est attachée. »
- « C'est sur l'arbre qui porte des fruits qu'on jette des pierres. »
- « Celui qui a la diarrhée n'a plus peur de l'obscurité. »
- « Quand deux couteaux se battent, le poulet ne met pas sa bouche dedans. »
- « Ce n'est pas dans ma bouche que tu vas manger ton piment. »
- « La pluie est tombée, on ne peut plus la renvoyer au ciel. »

ACTIVITÉS

1 Citez les trois principaux groupes auxquels appartiennent les langues parlées en Afrique centrale.

______

______

______

2 Citez trois langues appartenant au même groupe et parlées dans le même pays.

______

______

______

3 Citez trois langues appartenant au même groupe et parlées dans trois pays différents.

______

______

______

4 Compréhension des proverbes

a) La place importante qu'occupe la force physique dans la hiérarchie des valeurs. Celui qui est plus fort que vous peut tout vous prendre, et vous n'aurez aucun moyen de l'en empêcher.
b) La justification des pratiques douteuses. Par exemple, comment peut-on demander à quelqu'un qui est tout près de la caisse de ne pas se servir ?
c) Ce sont toujours les gens valeureux qui souffriront de médisances et autres calomnies.
d) Il faut affronter avec courage les situations d'adversité. On n'a plus peur de rien, même des situations les plus compliquées. D'autres diraient plutôt : « L'ampoule grillée n'a pas peur d'un court-circuit. »
e) Les plus jeunes ne doivent pas se mêler des problèmes de leurs aînés, ou bien les employés ne doivent pas se mêler des problèmes de rivalité entre leurs patrons.
f) Chacun doit pouvoir porter lui-même ses revendications, surtout si elles peuvent attirer des ennuis. Dans un contexte plus général, on peut dire : « Je ne souffrirai pas à ta place. »
g) Ce qui est fait est fait, on ne le regrettera pas.

Chacun des proverbes de la page 42 fait référence à un phénomène de société tiré de la vie quotidienne en Afrique centrale. Redonnez à chaque explication ci-dessus le bon proverbe.

a) ______
b) ______
c) ______
d) ______
e) ______
f) ______
g) ______

5 Quelles sont les religions dominantes en Afrique centrale ? ______

______

HOMMES DE LETTRES

Mongo Beti, l'écrivain engagé

Mongo Beti, décédé en octobre 2001 au Cameroun, est l'écrivain le plus connu d'Afrique centrale. Toute sa vie a été une vie de combat pendant laquelle, à travers romans et pamphlets, il a dénoncé d'abord la colonisation, puis les dictatures qui lui ont succédé après les indépendances des pays africains. Le roman qui l'a rendu célèbre s'intitule *Ville cruelle* (1954), qu'il signe sous le pseudonyme d'Éza Boto, Éza venant du patronyme d'Ezra Pound, un poète américain engagé qu'il admirait beaucoup. Il y raconte la misère matérielle et morale dans laquelle vivent les Africains, à une époque où la colonisation est encore de mise. En 1972, il publie un pamphlet, *Main basse sur le Cameroun,* qui sera interdit en France et lui vaudra le courroux du pouvoir politique en place au Cameroun. Il y est très dur vis-à-vis de la France et des chefs d'État africains. Cette intransigeance lui vaudra de passer trente-deux ans en exil. Ce n'est qu'en 1991, après l'instauration du multipartisme*, qu'il regagne le Cameroun. Il y continue une intense activité associative.

Si l'œuvre littéraire de Mongo Beti est très riche, l'auteur n'aura pas bénéficié de la notoriété d'un Senghor, à cause de son engagement politique qui gênera pendant longtemps la France, soucieuse d'entretenir de bonnes relations avec les pays africains francophones.

Mongo Beti, un des plus grands écrivains d'Afrique noire.

Henri Lopès.

Henri Lopès, l'écrivain diplomate

Henri Lopès, l'un des écrivains les plus connus du Congo, est aussi un haut fonctionnaire de son pays. Il a été Premier ministre avant de travailler comme directeur à l'Unesco et d'occuper des fonctions d'ambassadeur. En 2002, il fut candidat au poste de secrétaire général de l'Organisation internationale de la Francophonie. Parmi ses romans les plus connus, on peut citer *Tribaliques* (1972) ou *Le Pleurer-Rire* (1982). En janvier 2002, il a publié *Dossier classé,* où il traite du problème de l'identité des Africains.

Quelques grands noms de la littérature d'Afrique centrale

- Tchikaya U Tamsi (Congo), *Mauvais Sang,* 1955.
- Ferdinand Oyono (Cameroun), *Le Vieux Nègre et la médaille*, 1956.
- Francis Bebey (Cameroun), *Le Fils d'Agatha Moudio*, 1967.
- Sony Labou Tansi (Congo), *La Vie et demi*, 1979.

ACTIVITÉS

1 **Quels sont les deux principaux thèmes évoqués dans la majorité des romans de Mongo Beti ?**

2 **Pourquoi signe-t-il son roman *Ville cruelle* du pseudonyme Éza Boto ?**

3 **Dans *Main basse sur le Cameroun*, que dénonce Mongo Beti ?**

4 **Selon vous, Mongo Beti est-il un écrivain engagé ou un homme politique ?**

- **Pourquoi ?**

5 **Si vous étiez écrivain, quels thèmes aimeriez-vous traiter ?**

6 **Faites un portrait de l'écrivain Henri Lopès.**

7 **Francis Bebey**

Francis Bebey, à la fois écrivain et musicien, aura été l'une des grandes personnalités de la culture africaine. Décédé en mai 2001 à Paris, il s'est fait vraiment connaître en 1968, avec la publication du roman intitulé *Le Fils d'Agatha Moudio,* qui obtiendra le prix littéraire de l'Afrique noire la même année. Il s'est par la suite affirmé comme l'un des plus grands chansonniers africains. Il publiera en 1990 un recueil de nouvelles et de contes intitulé *La Lune dans un seau tout rouge*, puis *Le Ministre et le griot* en 1992 et *L'Enfant pluie* en 1994.

Quel est le pays d'origine de Francis Bebey ?

1

ÉPARGNE

le ndjangui

pour suppléer les banques

Le Cameroun et les Camerounais

Capitale : Yaoundé
Population : 15,2 millions d'habitants
Superficie : 475 442 km²

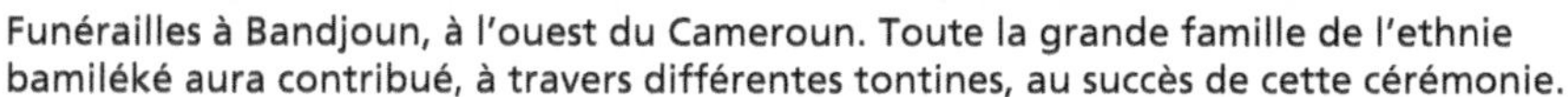

Funérailles à Bandjoun, à l'ouest du Cameroun. Toute la grande famille de l'ethnie bamiléké aura contribué, à travers différentes tontines, au succès de cette cérémonie.

AU CAMEROUN, **un système d'épargne informel** a donné naissance à une catégorie d'hommes d'affaires parmi les plus prospères d'Afrique francophone. Là-bas, on appelle ce système d'épargne le ***ndjangui****, ce qui, en langue locale, veut dire à peu près « à chacun son tour ».

Il s'agit en effet d'une forme d'épargne tournante, plus précisément d'une **tontine***. Les membres d'une assemblée préalablement constituée en fonction d'un certain nombre de critères (revenus, ethnies*, activités professionnelles, etc.) se regroupent régulièrement. Chacun dépose une somme fixe et l'un des membres rentre avec toute la mise de la journée. Il peut ainsi réaliser les projets qui lui tiennent à cœur. À la fin d'un cycle, tous les membres doivent avoir remporté une fois la mise.

En règle générale, les montants cotisés sont relativement élevés. Beaucoup se serrent donc la ceinture pendant de longs mois de cotisation, et dès qu'ils gagnent le gros lot, ils se lancent dans des affaires parfois prospères.

Aujourd'hui, les ndjangui ont largement suppléé les banques dans le financement des entreprises privées au Cameroun. Selon la Banque africaine de développement (BAD), qui a fait de nombreuses études sur cette question, 30 % de la masse monétaire de ce pays est drainée par les tontines. Toujours selon cette grande institution africaine, 75 % des familles camerounaises appartiennent à des ndjangui.

La solidarité africaine

En Afrique, on assiste toujours ceux qui sont dans le besoin. Mais les canaux de cette assistance sont informels, car l'État n'y intervient pas. Tout se passe au niveau de la famille, du clan, de la corporation, etc. Mais cette solidarité doit être partagée. Par exemple, si vous n'êtes pas membre d'une tontine, elle ne vous viendra pas en aide, même si vous êtes mourant. C'est un peu ce que ferait une compagnie d'assurances classique.

Quand l'un des adhérents d'une tontine est dans le malheur, la communauté lui vient en aide ; par exemple, si l'un de ses proches décède, on organise avec lui des obsèques dignes. Sans ces formes d'assistance, la vie serait très dure pour de nombreux Africains.

ACTIVITÉS

1 **Que veut dire *ndjangui* en langue locale camerounaise ?**

2 **Donnez trois critères de recrutement des ndjangui.**

3 **Décrivez le fonctionnement des ndjangui.**

4 **Citez deux statistiques qui situent l'importance des ndjangui au Cameroun.**

5 **Les ndjangui sont souvent considérés comme des systèmes d'assurance ou de sécurité sociale.**

- Cette comparaison est-elle justifiée ?

- Dites pourquoi.

6 **Sur la carte d'Afrique centrale de la plage 180, placez le Cameroun.**
Citez cinq villes importantes du Cameroun.

7

Au xve siècle, des marins portugais qui exploraient les côtes atlantiques du golfe de Guinée rencontrèrent, au niveau de l'actuel fleuve Wouri, beaucoup de crevettes. Ils baptisèrent donc ce fleuve *rio dos camaroes*, ce qui veut dire la « rivière des crevettes ». Plus tard, les colons allemands appelèrent la partie continentale toute proche *Kamerun*, que les Français transformèrent plus tard en « Cameroun ».

Comment appelle-t-on les populations originaires du Cameroun ?

2

ALIMENTATION

viande de brousse

la chasse est toujours bonne

La République centrafricaine et les Centrafricains

Capitale : Bangui
Population : 3,7 millions d'habitants
Superficie : 622 900 km²

EN RÉPUBLIQUE CENTRAFRICAINE, les populations adorent consommer de la **viande de brousse***. Selon des chiffres officiels, rien qu'à Bangui, la capitale, chaque habitant consomme en moyenne 14,5 kg de viande de brousse fraîche par an. Petits singes, buffles et antilopes sont parmi les viandes les plus demandées.

Pour satisfaire cette demande, les Centrafricains n'ont fait qu'affiner leurs très anciens dons de chasse. Ils ont développé des techniques artisanales, qui ratent difficilement leurs cibles. Ils creusent un grand trou dans le sol et le recouvrent de feuilles. La nuit, les animaux qui se promènent par là se retrouvent pris dans ce piège. Tôt le matin, les paysans se rendent auprès de leurs trous et achèvent, à coups de lance, ces bêtes qui ont passé toute la nuit à lutter pour se sortir de là. Ils dépècent* l'animal sur place, dans la forêt, et amènent sa viande au marché le plus proche, où elle sera vendue.

Mais il n'y a pas que ces paysans qui pratiquent la chasse en République centrafricaine. De nombreux touristes, parmi lesquels des hommes importants dans le monde, s'y rendent régulièrement. De janvier à la fin du mois de mai (la saison sèche), ces touristes étrangers y chassent de nombreuses espèces, goûtant ainsi à des plaisirs auxquels ils ont de plus en plus difficilement droit dans leurs pays d'origine, où la chasse est rigoureusement contrôlée.

Les Pygmées, des chasseurs hors pair

En République centrafricaine, au Cameroun, au Gabon et au Congo, on trouve des gens de petite taille, les **Pygmées***, qui, jusqu'à aujourd'hui, préfèrent vivre dans la forêt. Ils s'y adonnent essentiellement à des activités de chasse, de pêche et de cueillette. Dotés de pouvoirs mystiques, selon les autres habitants de ces pays, ils ont également la réputation d'être d'excellents chasseurs. Il semble qu'une grande partie de la viande de brousse consommée dans les villes, notamment celle des animaux les plus féroces tels que le buffle, est chassée par ces Pygmées. Ils échangent par la suite cette viande avec des intermédiaires moyennant huile de palme, savon ou vêtements.

Des Pygmées viennent vérifier les pièges tendus aux animaux, tôt le matin.

ACTIVITÉS

1 Quelle est la consommation moyenne par habitant de viande de brousse à Bangui ?

2 Quelles sont les viandes préférées des Centrafricains ?

3 Racontez une séance de chasse dans un village centrafricain de brousse.

4 Quelle est la meilleure période pour la chasse en Centrafrique ?

5 Décrivez la vie des Pygmées dans la forêt.

6 Pour obtenir les produits qui leur manquent, les Pygmées pratiquent le troc (voir dessin).

Trouvez un avantage et un inconvénient à ce système.

7 Sur la carte d'Afrique centrale de la plage 180, placez la République centrafricaine. Citez deux villes importantes de la République centrafricaine.

8 Comment appelle-t-on les populations originaires de la République centrafricaine ?

Pendant la colonisation, la République centrafricaine s'appelait Oubangui-Chari, du nom de chacun des deux fleuves qui se jettent, l'un dans le Congo, l'autre dans le lac Tchad. En 1958, ce territoire est baptisé « République centrafricaine ».

NIGERIA
CAMEROUN
RÉPUBLIQUE CENTRAFRICAINE
GUINÉE ÉQUAT.
GABON
Brazzaville
Pointe Noire
Cabinda
RÉPUBLIQUE DÉMOCRATIQUE DU CONGO
ANGOLA

Le Congo et les Congolais

Capitale : Brazzaville
Population : 3,1 millions d'habitants
Superficie : 342 000 km²

3

MODE

les sapeurs

la grande classe

AU CONGO, de nombreuses personnes vouent un culte à l'élégance vestimentaire. Dans ce pays on définit ainsi le mot ***sape****, que l'on déclare avoir inventé : « Société des Ambianceurs et des Personnes Élégantes ». En fait, les Congolais n'ont pas inventé ce mot, mais lui ont trouvé une signification locale.

Le phénomène de la sape a envahi les rues de Brazzaville, la capitale congolaise, au milieu des années 1980, décennie pendant laquelle l'économie du pays tournait à plein régime. S'étaient ainsi formés des sortes de « gangs » de ***sapeurs***. Il s'agissait de jeunes qui, le dimanche, dans une cour d'école ou d'église par exemple, organisaient des défilés de mode. Les membres de différents groupes, qui représentaient généralement des quartiers, venaient s'exhiber devant des personnes dites « neutres » qui désignaient le groupe le plus ***sapé*** de la ville. Ces jeunes, débrouillards* pour la plupart, consacraient toutes leurs économies à cette passion. Ils préféraient se priver des autres plaisirs pour s'acheter des vêtements de grande marque.

Le phénomène s'est émoussé aujourd'hui à cause des problèmes politiques et économiques que connaît le pays. Mais le Congolais a gardé cette réputation d'homme très élégant.

Des jeunes Congolais lors d'un défilé de mode à Brazzaville.

L'élégance africaine

Les Africains accordent en règle générale une très grande importance aux vêtements qu'ils portent. Dès qu'ils ont les moyens de se les offrir, ils s'achètent des habits et des chaussures de grande marque. D'ailleurs, les marques l'ont bien compris et font de plus en plus de la publicité auprès des jeunes Africains, notamment ceux de la diaspora*, car ils ont un pouvoir d'achat plus élevé que les jeunes installés en Afrique.

ACTIVITÉS

1 **Quelle définition du mot *sape* donne-t-on au Congo ?**

____

____

2 **Vers quelle période ce phénomène a-t-il envahi les rues de Brazzaville ?**

____

3 **Racontez comment il se déroulait.**

____

____

____

____

4 **Dans votre pays, quel est le type de vêtements préféré :**

- des jeunes ? ____

____

____

- des adultes femmes ? ____

____

____

- des adultes hommes ? ____

____

____

5 **Sur la carte d'Afrique centrale de la plage 180, placez le Congo.**
Citez deux villes importantes du Congo.

____

____

6

Au xve siècle, un navigateur portugais du nom de Diego Cao arrive au large d'un grand empire dirigé par le Mani-Congo, ou roi du Congo. Ce vaste territoire allait de l'actuel Congo jusqu'à l'Angola, en passant par une grande partie de la République démocratique du Congo. Très souvent, afin de marquer la différence avec la République démocratique du Congo (Congo-Kinshasa, voir p. 66-67), certains appellent la République du Congo le « Congo-Brazzaville ».

Comment appelle-t-on les populations originaires du Congo ?

____

4

MÉDECINE

l'iboga

une plante qui soigne la dépression

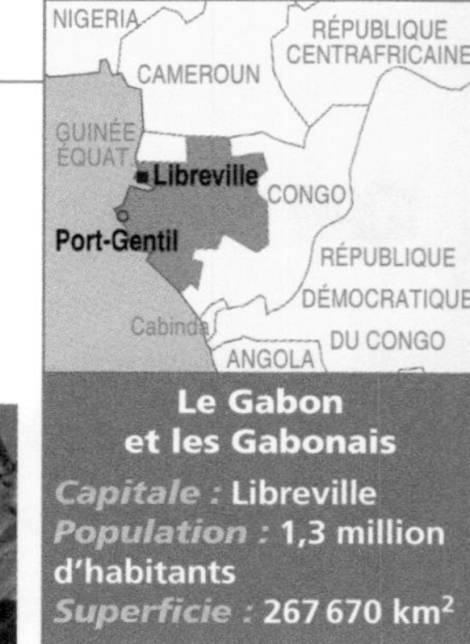

Le Gabon et les Gabonais

Capitale : **Libreville**
Population : **1,3 million d'habitants**
Superficie : **267 670 km²**

Cérémonie du rite bwiti, chez les Fangs*, au nord du Gabon.

AU GABON pousse une plante hallucinogène* qui suscite depuis peu un très grand intérêt de la part des milieux scientifiques américain et japonais. Cette plante, baptisée ***iboga****, s'est montrée efficace dans le traitement des toxicomanes.

L'iboga est un petit arbuste qui contient beaucoup de latex. Pendant longtemps, les guérisseurs traditionnels l'ont utilisé pour soigner divers maux, mais ils lui attribuaient plutôt des pouvoirs mystiques. De nombreuses autres personnes le consommaient dans les villages, pour réaliser ce qu'ils appelaient « le retour vers les ancêtres », car cette plante provoquait en eux des phénomènes hallucinatoires*. Ce n'est que tout récemment que des scientifiques s'en sont saisis et lui ont découvert d'importantes propriétés pharmacologiques. L'***ibogaïne*** qu'elle contient agit sur le système nerveux de l'homme et a une efficacité exceptionnelle dans les traitements de la dépression.

Depuis, c'est la ruée vers l'iboga. De nombreux Occidentaux, informés par la rumeur, tentent par tous les moyens de se le procurer. Le phénomène est tel qu'en 1999, les États-Unis ont organisé un colloque scientifique sur cette plante et qu'ils suivent sa transformation médicinale avec un grand intérêt. Au Gabon, le président de la République a déclaré l'iboga « patrimoine national et produit stratégique ». C'est la première fois qu'une plante acquiert un tel statut dans ce pays.

Les séances de bwiti

L'iboga, au nord du Gabon, au sud du Cameroun et en Guinée équatoriale, est associé à l'***art bwiti**** (ou bwiti). Il s'agit de nombreux rites qui vont de l'initiation à des sociétés secrètes jusqu'à des pratiques telles que le **désensorcellement** ou le **désenvoûtement**. Si vous n'avez pas beaucoup de chance dans ce que vous entreprenez, vous devez par exemple vous faire désensorceler*. On peut également vous envoûter* parce qu'on est jaloux de vous, parce que vous n'avez pas pratiqué un certain nombre de rites animistes suite au décès d'un de vos proches, etc. Dans ce cas, vous devez être désenvoûté* au cours d'un rite bwiti.

ACTIVITÉS

1 Connaissance de l'iboga

• Que soigne l'iboga ?

• Comment les guérisseurs* traditionnels utilisaient-ils l'iboga ?

• Quelle substance ayant des propriétés pharmacologiques contient l'iboga ?

2 Trouvez trois raisons qui peuvent justifier le statut de « patrimoine national et produit stratégique » donné à l'iboga par le chef de l'État gabonais.

3 Existe-t-il des rites initiatiques dans votre pays ?

• Si oui, citez-les et racontez comment au moins l'un d'entre eux se déroule.

Dans le Bwiti, la réussite d'une cérémonie d'initiation est liée au respect très rigoureux d'une chorégraphie, et surtout des horaires et des jours. La principale cérémonie, qu'on appelle au Gabon le ***ngoze****, qui veut dire en français « l'organisation », dure trois nuits consécutives. La première nuit, on pratique le ***efun****, qui veut dire « commencement » ou « naissance ». La deuxième nuit est celle du ***nkeng****, qui veut dire « le noyau » ou « la mort ». La dernière est celle du ***meyaya****, qui veut dire « la renaissance ».

4 Sur la carte d'Afrique centrale de la plage 180, placez le Gabon. Citez deux villes importantes du Gabon.

5

Gabon vient du portugais *gabao*, qui veut dire « caban », une veste en drap de laine portée autrefois par les marins. Au XVe siècle, les navigateurs portugais donnèrent ce nom à l'estuaire du fleuve Komo.

Comment appelle-t-on les populations originaires du Gabon ?

5

HISTOIRE

Toumaï

l'ancêtre de l'humanité

Le Tchad et les Tchadiens
Capitale : N'Djamena
Population : 8,1 millions d'habitants
Superficie : 1 284 000 km²

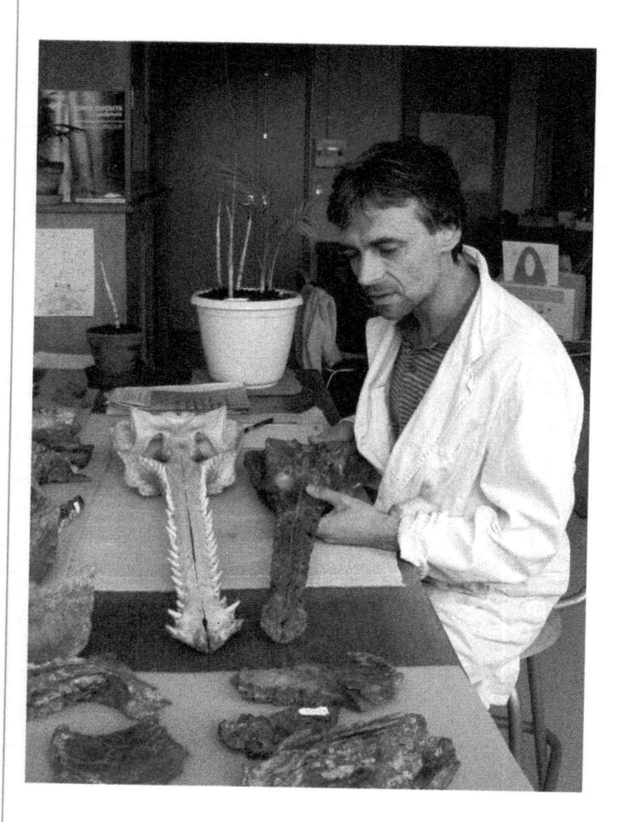

Patrick Vignaud, chercheur de l'université de Poitiers (France), qui a mené l'examen des restes de Toumaï.

LE TCHAD est le pays où a été découvert, en juillet 2002, celui qui apparaît aujourd'hui comme le plus vieil ascendant de l'Homme. Les chercheurs français et tchadiens qui l'ont découvert lui ont donné le nom de ***Toumaï***, qui veut dire « espoir de vie », en langue locale. Il pourrait être âgé de six à sept millions d'années. Il est de loin plus vieux que Lucy, considérée jusque-là comme l'ancêtre de l'humanité avec ses 3,2 millions d'années.

Les chercheurs ont retrouvé ce fossile dans le Djourab, une zone désertique située à 800 kilomètres au nord de la capitale N'Djamena. Il s'agit plus précisément d'un crâne, de deux fragments de mâchoire et de trois dents isolées. Ce fossile a été attribué à une nouvelle classe d'hominidés* que les chercheurs ont baptisée *Sahelanthropus tchadensis* (homme du Sahel tchadien). Cette nouvelle classe des *Sahelenthropus tchadensis* entre dans la série de ce qu'on appelle les **australopithèques***, c'est-à-dire les différents fossiles que l'on considère aujourd'hui comme les ascendants de l'Homme. Toumaï serait donc, en clair, l'australopithèque le plus ancien.

La découverte de Toumaï a été grandement fêtée par les Tchadiens. Pendant une grande cérémonie à laquelle participaient les plus hautes autorités du pays, il a été officiellement annoncé que « le Tchad est le berceau de l'humanité ». Certains chercheurs contestent déjà le résultat de ces travaux et affirment que Toumaï serait plutôt un ancêtre du gorille. Mais à N'Djamena, la question semble définitivement tranchée.

Terre de recherches

Le territoire tchadien fait l'objet d'un grand nombre de recherches historiques. Beaucoup de chercheurs prétendent que l'actuel désert du Sahara, qui recouvre une grande partie de ce pays, aurait été une terre verdoyante il y a plus de 7 millions d'années et que les abords de l'actuel lac Tchad étaient alors parsemés de forêts. Outre la découverte de Toumaï, on y a aussi trouvé une importante faune de mammifères.

Dans une période plus récente, vers le xe siècle, un peuple nommé les **Saos***, installé autour du lac Tchad, développa l'une des plus grandes civilisations de la terre cuite connue de l'humanité. Aujourd'hui encore, des récipients, jarres, masques, statues, etc., fabriqués en terre cuite par les Saos restent très recherchés.

ACTIVITÉS

1 Connaissance de Toumaï

- Quand a-t-on découvert Toumaï ?

- Que signifie *Toumaï* en langue locale ?

- Quel pourrait être l'âge de Toumaï ?

- Dans quelle région du Tchad a-t-on trouvé Toumaï ?

- Quelles sont les parties de son corps qui ont été retrouvées ?

2 Dans quelle classe d'hominidés* fossiles a-t-on classé Toumaï ?

3 Comment les Tchadiens ont-ils accueilli la découverte de Toumaï ?

4 Sur la carte d'Afrique centrale de la plage 180, placez le Tchad. Citez deux villes importantes du Tchad.

5

Le Tchad a hérité son nom du lac Tchad, une nappe d'eau peu profonde qui lui sert de frontière principale avec le Cameroun.

Comment appelle-t-on les populations originaires du Tchad ?

L'AFRIQUE DES GRANDS LACS

Burundi, République démocratique du Congo, Rwanda

GÉOGRAPHIE

Cette partie de l'Afrique est appelée « région des Grands Lacs » en raison de l'existence de nombreux volcans toujours en activité, dont les cratères ont formé des lacs. Sur un triangle qui couvre le Rwanda, le Burundi et une partie de l'est de la République démocratique du Congo, on trouve par exemple **le lac Tanganyika**, **le lac Kivu**, **le lac Victoria**, ainsi que des volcans importants tels que les **monts Virunga**, qui forment une crête s'étendant sur 50 kilomètres, avec une altitude comprise entre 1 900 et 3 000 mètres. On appelle aussi cette région **la région des milles collines***, en référence à toutes ces montagnes.

Le climat dans les Grands Lacs est équatorial, avec des températures autour de 20 à 25 degrés et des pluies très abondantes.

Le Rwanda et le Burundi sont des pays surpeuplés. La densité de la population y est parmi les plus élevées au monde. Cela est dû à deux raisons : l'esclavage n'a pas atteint cette partie de l'Afrique et la douceur du climat a entraîné une explosion de la démographie.

HISTOIRE

À part la République démocratique du Congo qui eut ses premiers contacts avec les marchands européens dès le XVe siècle, le Rwanda et le Burundi ne furent au contact des Occidentaux que vers la fin du XIXe siècle.

Ces territoires étaient organisés en royaumes. Les actuelles République démocratique du Congo, république du Congo et une partie de l'Angola constituaient le **royaume du Kongo**. Le Rwanda et le Burundi formaient deux royaumes distincts, dirigés par des chefs puissants appelés ***mwamis****.

Après le **congrès de Berlin en 1885**, la Belgique obtient, comme propriété personnelle du roi des Belges, la République démocratique du Congo. Le Burundi et le Rwanda deviennent des possessions allemandes à partir de 1894. Après la défaite allemande à l'issue de la Première Guerre mondiale, l'administration du Burundi et du Rwanda sera confiée à la Belgique par la Société des Nations (SDN).

La République démocratique du Congo, que l'on appelait le Congo-Belge pendant la colonisation, obtiendra son indépendance en 1960, deux ans avant le Rwanda et le Burundi.

Hutus et Tutsis

Quand on parle de la région des Grands Lacs, beaucoup citent les massacres entre les **Hutus*** et les **Tutsis***, qui ont fait entre 500 000 et 1 000 000 de morts en 1994. Deux thèses s'affrontent sur l'origine des Hutus et des Tutsis : certains disent que les Hutus seraient des Bantous*, premiers habitants de la région, qui auraient été rejoints plus tard par des pasteurs venus de la région du Nil, les Tutsis. D'autres soutiennent que c'est le colonisateur belge qui, voulant instaurer une hiérarchie entre les populations, a créé une ethnie* Tutsi, qui est en fait celle des possédants, et une ethnie Hutu, celle des serviteurs. Bien que parlant la même langue, les deux ethnies se sont pendant longtemps dressées l'une contre l'autre.

ACTIVITÉS

1 Pourquoi appelle-t-on cette partie de l'Afrique « région des Grands Lacs » ?

2 Citez trois lacs connus de la région des Grands Lacs.

3 Faites une présentation des monts Virunga (voir aussi la photo ci-dessous).

4 Donnez deux raisons – l'une historique et l'autre géographique – qui expliquent les fortes densités de population au Rwanda et au Burundi aujourd'hui.

- Raison historique :
- Raison géographique :

5 Quel sont les pays colonisateurs – puis éventuellement administrateurs – des trois pays francophones des Grands Lacs ?

- République démocratique du Congo : ____
- Burundi : ____
- Rwanda : ____

Paysage de collines, dans la région des Grands Lacs. Ici, les monts Virunga, répartis entre la République démocratique du Congo et le Rwanda.

Ouvriers dans une mine de diamants en République démocratique du Congo.

POLITIQUE

Les pays francophones de l'Afrique des Grands Lacs sont des républiques, avec à leur tête des chefs d'État. Dans les trois pays, le système politique est présidentiel. En 1990, ils se sont lancés dans une **expérience démocratique** et dans le multipartisme*. Mais la situation s'avère aujourd'hui presque chaotique dans ces trois pays. Après des élections démocratiques, le Rwanda a sombré dans des rivalités ethniques, puis, quelques années plus tard, dans un **génocide*** qui a fait près d'un million de morts. Le Burundi et la République démocratique du Congo continuent de connaître la guerre civile.

Mais ces déchirements n'ont pas inversé la tendance pluraliste des régimes. Les partis d'opposition, les syndicats et la presse continuent leurs activités.

ÉCONOMIE

La République démocratique du Congo (RDC) dispose d'un sous-sol qui compte parmi les plus riches du monde. On y trouve du cuivre, du diamant, de l'or et du cobalt. Le pays est le premier producteur mondial de diamant industriel et le deuxième de cobalt et de cuivre. Tous les pays des Grands Lacs sont aussi fortement agricoles. Si la RDC s'est spécialisée dans les cultures d'exportation (palmier à huile, hévéa, coton, café), le Rwanda et le Burundi, quant à eux, disposent d'un système d'agriculture vivrière* efficace, ce qui leur assure une autosuffisance alimentaire malgré leur enclavement.

Chaque pays utilise sa propre monnaie : le franc burundais pour le Burundi, le franc congolais pour la RDC et le franc rwandais pour le Rwanda. Mais cette économie est globalement en ruine, à cause des guerres qui secouent la région.

La politique de l'authenticité

Mobutu Sese Seko, l'ancien président de la République démocratique du Congo qu'on appelait alors le Zaïre, reste un des hommes politiques les plus connus de cette région. C'est en 1965 qu'il arrive au pouvoir, après l'avoir pris aux civils. Il instaurera la **« politique de l'authenticité* »**, c'est-à-dire une forme de retour aux sources. Tous les prénoms occidentaux seront remplacés par des noms locaux. Ainsi, lui qui s'appelait Joseph-Désiré Mobutu se fait appeler Mobutu Sese Seko Kuku Ngebendu Wa za Banga (ce qui veut dire « Mobutu Sese Seko l'intrépide guerrier terreur des léopards »). Les populations sont appelées à ne plus s'habiller en costumes occidentaux, mais en *abacost** (« abat le costume »), une sorte de chemise à col Mao. Mobutu sera chassé du pouvoir par une rébellion en 1997, conduite par **Laurent-Désiré Kabila** (assassiné en 2001). Il mourra la même année en exil au Maroc.

ACTIVITÉS

1 Quel est le statut politique de chacun des pays des Grands Lacs ?

• Le Burundi :

• La République démocratique du Congo :

• Le Rwanda :

2 Selon vous, pourquoi l'expérience démocratique des pays des Grands Lacs est-elle difficile ?

3 Quelles sont les matières premières produites par la République démocratique du Congo ?

4 Citez les différentes monnaies utilisées par les pays des Grands Lacs.

5 Racontez comment était pratiquée la « politique d'authenticité » de Mobutu.

6 Y a-t-il déjà eu dans votre pays des rebelles opposés au pouvoir central ?

• Si oui, quelles étaient leurs revendications et comment le problème a-t-il été résolu ?

La République démocratique du Congo est un territoire très vaste et très riche. Sa superficie représente cinq fois celle de la France. C'est l'une des causes des guerres qui ont toujours sévi dans certaines parties de ce pays, où des groupes rebelles s'opposent au pouvoir central. Mais les pays africains, réunis au sein de l'Union africaine (UA), et l'Organisation des Nations unies (ONU) se sont depuis quelques années saisis de ce problème et tentent de lui trouver une solution définitive.

Dans la région des Grands Lacs, les langues maternelles sont enseignées dans les écoles.

LANGUES

La grande majorité des langues parlées dans la région des Grands Lacs est d'origine bantoue*.

• Au Burundi et au Rwanda, toutes les populations parlent deux langues voisines, qui ont un statut de **langue officielle** et qui sont respectivement le *kirundi** et le *kinyarwanda**. Mais à côté de ces deux langues officielles, il existe aussi une **langue véhiculaire*** très parlée dans toute l'Afrique de l'Est, le ***swahili****. Elle permet aux populations de communiquer avec les voisins des autres pays, avec lesquels elles font beaucoup de commerce.

• Le cas de la République démocratique du Congo est un peu spécial : à côté du français, langue officielle, **quatre langues nationales** sont enseignées dans les écoles : il s'agit du *lingala**, du *ciluba**, du *kikongo** et du *swahili**. Mais le pays compte en réalité une centaine de langues **vernaculaires***.

La place des langues nationales

Dans les Grands Lacs, les langues nationales ont une place de choix. Elles sont enseignées dès l'école primaire et, dans la vie quotidienne, elles sont utilisées jusque dans les administrations. Selon certains historiens, cela est dû au colonisateur de cette région, la Belgique. Elle ne souhaitait pas que les Africains apprennent le français, car cela leur aurait permis de s'émanciper et de demander l'indépendance de leur territoire. Pour que les langues nationales soient mieux parlées, la Belgique s'est donc employée à les structurer (construire par exemple un alphabet). C'est ce qui fait que jusqu'à aujourd'hui, ces langues peuvent facilement être apprises et parlées. Ainsi, partout en ville dans ces pays, on utilise régulièrement les langues nationales. Par exemple, sur une affiche qui vantait l'appartenance de la République démocratique du Congo à la Francophonie, on a pu lire un même message en cinq langues différentes :

- *en français :* « Je suis francophone, et toi ? »
- *en kikongo :* « Munu kele francophone, ebosi nge ? »
- *en ciluba :* « Ndji francophone, kadi wewa ? »
- *en swahili :* « Niko francophone, basi wewe ? »
- *en lingala :* « Nazali francophone, ebongo yo ? »

RELIGIONS

Les Grands Lacs sont très christianisés. Plus de 60 % de la population est constituée de catholiques, et 10 % de protestants. Le reste de la population pratique diverses religions traditionnelles. La guerre, puis la pauvreté qu'elle a causée, ont entraîné un important développement d'Églises méthodistes, venues principalement de l'Amérique du Nord, et parfois également de sectes. On les retrouve en très grand nombre, surtout en République démocratique du Congo.

ACTIVITÉS

1 Citez les langues africaines parlées dans chacun des pays des Grands Lacs :

- au Burundi :

- au Rwanda :

- en République démocratique du Congo :

2 En vous appuyant sur le texte, définissez les expressions suivantes :

- Langue véhiculaire :

- Langue vernaculaire :

3 Pourquoi les langues africaines sont-elles aussi facilement apprises et régulièrement parlées dans les Grands Lacs, contrairement aux autres régions d'Afrique ?

4 Écrivez la phrase : « Je suis francophone, et toi ? »

- en lingala :
- en kikongo :
- en swahili :
- en ciluba :

5 Quelle est la religion majoritaire pratiquée dans les Grands Lacs ?

6 Citez deux raisons qui ont entraîné le développement des Églises dans les pays des Grands Lacs.

HOMMES DE LETTRES

Vumbi Yoka Mudimbe, sauveur de la « littérature grise »

Vumbi Yoka Mudimbe, né en 1941 à Likasi, en République démocratique du Congo, est l'écrivain francophone le plus connu de la région des Grands Lacs. Ici, c'est l'un des auteurs qui ont rompu avec ce que l'on a coutume d'appeler la« littérature grise », c'est-à-dire une littérature riche, mais dont la production écrite n'est pas publiée ou est très peu diffusée.

Après des études supérieures effectuées à Kinshasa et en Belgique, il mène une carrière d'universitaire. Il a publié quatre principaux romans : *Entre les eaux* (1973), *Le Bel Immonde* (1976), *L'Écart* (1979) et *Shaba deux* (1989).

Il a également publié des recueils de poèmes, dont *Déchirures* (1971) et *Entretailles* (1973), ainsi qu'un essai intitulé *L'Autre Face du royaume* (1973).

L'abbé Alexis Kagamé, le philosophe bantou

L'abbé Alexis Kagamé, docteur en philosophie, est l'un des précurseurs de la littérature rwandaise. Il s'est surtout fait connaître en publiant, en 1956, un essai intitulé *La Philosophie bantoue-rwandaise de l'être* (1956), qui est en fait un travail de recherche sur les traditions orales du Rwanda. Il a également écrit de nombreux poèmes en kinyarwanda*.

Quelques grands noms de la littérature des Grands Lacs

- Antoine-Roger Bolamba (République démocratique du Congo), *L'Échelle de l'araignée* (1938).
- Georges Mbill a paang Ngal (République démocratique du Congo), *Giambatista viko ou le Viol du discours africain* (1975).
- Michel Kakoya (Burundi), *Sur les traces de mon père* (1968), *Entre deux mondes* (1971).
- Séraphin Kabanyegeye (Burundi), *Abats d'une vie* (1978).
- Louis Katamari (Burundi), *Soweto ou le Cri de l'espoir* (1980).
- Saverio Naigiziki (Rwanda), *Escapade rwandaise* (1950) et *L'Optimiste* (1954).
- Jean-Baptiste Mutabaruka (Rwanda), *Les Feuilles de mai* et *Les Champs du tam-tam* (1963).
- Cyprien Rugamba (Rwanda), *Le Prélude* (1980).

La littérature grise

La littérature de l'Afrique des Grands Lacs est souvent comparée à la littérature grise. Cette forme de littérature a deux définitions : pour certains, il s'agit de documents qui ne sont pas disponibles dans les circuits classiques de distribution. Ils sont donc, de ce fait, difficiles à obtenir. Pour d'autres, il s'agit de documents dactylographiés ou imprimés, produits à l'intention d'un public restreint. La littérature des Grands Lacs obéit à ces deux définitions. Elle est abondante, écrite ou orale, échangée entre connaisseurs, mais très rarement publiée. Cela lui est très dommageable, parce que beaucoup ont l'impression qu'elle n'existe tout simplement pas. Cette région est également à la source d'une abondante littérature grise sur la civilisation bantoue.

La langue écrite est véhiculée par la presse, vendue dans les rues par les jeunes gens.

ACTIVITÉS

1 Quel est le parcours académique de Vumbi Yoka Mudimbe ?

2 Citez quelques œuvres écrites par Vumbi Yoka Mudimbe ?

3 Quel est le nom de l'essai le plus connu de l'abbé Alexis Kagamé ?

4 Citez deux écrivains originaires du Burundi.

5 Pourquoi a-t-on appelé la littérature des Grands Lacs « littérature grise » ?

6 Quelles sont les deux définitions qu'on donne à la littérature grise ?

7 Quel est l'inconvénient majeur de la littérature grise ?

8 Selon vous, cette forme de littérature peut-elle avoir un avantage ?

• Si oui, lequel ?

1

AGRICULTURE

les champs *sur des collines*

Le Burundi et les Burundais

Capitale : Bujumbura
Population : 6,5 millions d'habitants
Superficie : 27 834 km²

Paysage de champs au Burundi.

AU BURUNDI, les trois quarts de la population vivent de l'agriculture. Mais cette agriculture est extensive, c'est-à-dire que le matériel utilisé, la qualité des semences et la technique de travail des populations ne permettent pas une grande rentabilité des surfaces cultivées.

Les champs sont installés sur les collines. Les paysans ont en règle générale une maigre parcelle de terrain qui entoure leur petite maison. Tôt le matin, ils vont s'installer dans ce champ et ils y travaillent toute la journée. Leur principal outil de travail est une houe* artisanale. Elle est fabriquée à partir du bois taillé comme une fourche qui sert de manche, sur lequel on enfile une lame de fer. Avec cette houe, les paysans sarclent* la terre, pour creuser des sillons*.

Après le sarclage* des terres, ils sèment du maïs, des haricots ou du **manioc***. Tout ce travail est exécuté à la main, et pour beaucoup, les tracteurs ou les engrais sont des réalités très lointaines.

Malgré la pratique importante de cette agriculture extensive* au Burundi, ce pays a été pendant plusieurs années autosuffisant sur le plan alimentaire. Seule la guerre civile, qui a secoué le pays pendant les années 1990, a rompu ce fragile équilibre, car elle a entraîné le déplacement de nombreux paysans agriculteurs.

Le matériel des champs

Dans les champs traditionnels en Afrique, les paysans utilisent un matériel rudimentaire, fabriqué par des artisans qui sont le plus souvent forgerons*, menuisiers*, tailleurs de pierre, etc. Les plus connus de ces outils sont :

- *la houe :* elle sert à retourner la terre pour pouvoir y introduire les semences ;
- *la hache :* elle sert à couper les arbres ;
- *la machette* :* elle sert à couper les herbes et à tuer les méchantes bêtes (serpents par exemple) qui pourraient apparaître ;
- *la pioche :* elle sert à creuser la terre.

ACTIVITÉS

1 **Quelle est la proportion de Burundais qui vivent de l'agriculture ?** ____________________

2 **Quelles sont les différences entre l'agriculture extensive et intensive dans les domaines :**

- de la technique de culture ? ____________________

____

- du matériel utilisé ? ____________________

____

- des semences ? ____________________

____

3 **Racontez comment s'organise la journée d'un agriculteur burundais.**

____

____

4 **Décrivez chacun des outils suivants (de gauche à droite) et dites à quoi ils servent.**

UNE HOUE — UNE HACHE — UNE MACHETTE — UNE PIOCHE

- ____________________

____

- ____________________

____

- ____________________

____

- ____________________

____

5 **Sur la carte de l'Afrique des Grands lacs, placez le Burundi.**
Citez deux villes importantes du Burundi.

____

6 **Comment appelle-t-on les populations originaires du Burundi ?**

____

À l'origine de ce qu'on appelait le royaume de Ruanda-Urundi se trouve la dynastie des Ganwas*. La gestion de ces deux territoires s'est faite séparément pendant la colonisation. À leur accession à l'indépendance, le second territoire a pris le nom de Burundi.

2

MUSIQUE

Franco

le roi de la rumba

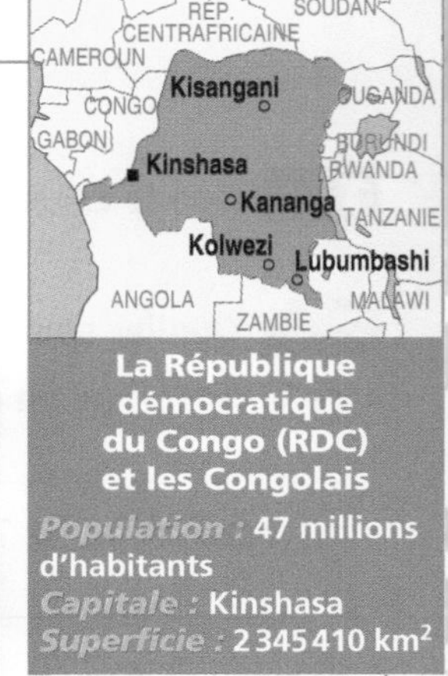

La République démocratique du Congo (RDC) et les Congolais

Population : 47 millions d'habitants
Capitale : Kinshasa
Superficie : 2 345 410 km²

Luambo Makiadi, alias Franco, le père de la rumba congolaise.

EN RÉPUBLIQUE DÉMOCRATIQUE DU CONGO, **Luambo Makiadi**, dit **Franco**, est aujourd'hui considéré comme un dieu de la musique locale. Décédé en 1989, Franco a hissé la **rumba zaïroise** des années 1970 bien au-delà de son seul pays d'origine. Tous ses albums furent des énormes succès. C'est le cas de *Testament ya bowule*, *Très impoli*, *Muzo* et surtout *Mario*. La légende veut que Franco ait improvisé son plus grand succès, *Mario*, lors des obsèques d'un de ses amis musiciens qui portait ce nom. Il se mit à pleurer ce proche en racontant l'histoire de leur amitié, leurs joies et leurs peines communes. Enregistré sur un disque, le succès fut phénoménal. Entre 1983 et 1984, on n'écoutait que *Mario* dans toutes les boîtes de nuit* et les bars africains. Franco reste aujourd'hui encore une des icônes de la musique africaine : il est celui qui a véritablement ouvert la voie à de nombreux jeunes musiciens qui font aujourd'hui de la musique congolaise l'une des plus dynamiques de l'Afrique noire.

Le Ndombolo

La République démocratique du Congo est une place forte de la musique africaine. De **Matongé**, un quartier populaire de **Kinshasa**, sont partis de nombreux rythmes, dont le plus en vogue actuellement est le ***ndombolo****. Sa danse se résume principalement en une synchronisation entre mouvements du bassin* et des bras. Certaines danseuses sont capables de garder tout le reste du corps immobile et de ne secouer que les muscles du fessier. Cela demande donc un grand savoir-faire, ce qui joue souvent en sa défaveur. En effet, si les Africains aiment beaucoup ce rythme, les Occidentaux l'apprécient beaucoup moins car ils le trouvent généralement difficile à danser.

ACTIVITÉS

1 Connaissance de Franco

- Quel était le vrai nom de Franco ?
- Comment appelle-t-on le rythme qu'il jouait ?
- Citez quelques albums connus de Franco.

2 Racontez comment Franco a composé *Mario*, sa chanson la plus connue.

3 Werrason et JB Mpiana sont tous deux issus d'un même quartier de Kinshasa, de même que la plupart des nouveaux rythmes musicaux du Congo. Quel est le nom de ce quartier ?

4 Comment danse-t-on le ndombolo ?

Dans de nombreux quartiers congolais, pendant toute la journée, les vendeurs de cassettes animent la rue, et du soir à l'aube, ils sont relayés par les boîtes de nuit. Le plus souvent, des attroupements se forment autour de ces vendeurs de cassettes. Différents groupes défendent chacun un artiste, et parfois, on en vient aux mains. C'est le cas depuis 1997 entre les partisans de deux chanteurs de ndombolo, qui se disent tous deux « rois » de leur art. Il s'agit de Noël Ngiama, alias Werrason, et de JB Mpiana. Entre les werrasonistes et les jbéïstes, les habitants des villes congolaises sont partagés.

5 Sur la carte de l'Afrique des Grands Lacs, placez la République démocratique du Congo. Citez cinq villes importantes de RDC.

6

En 1484, le navigateur portugais Diego Cao découvre l'embouchure d'un fleuve dont il baptise les deux rives respectivement Congo et Zaïre. Au début des années 1970, le président Mobutu fait changer le nom du pays, qui s'appelait République du Congo, ou plus familièrement « Congo-Kinshasa », et qui devint alors le Zaïre. À sa chute en 1997, le nouveau pouvoir rebaptise le pays République démocratique du Congo.

Comment appelle-t-on les populations originaires de la République démocratique du Congo ?

3

JUSTICE

les gacaca

des tribunaux champêtres

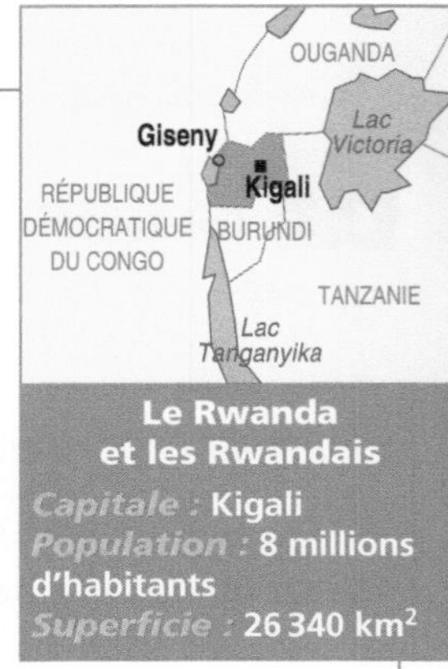

Le Rwanda et les Rwandais

Capitale : Kigali
Population : 8 millions d'habitants
Superficie : 26 340 km²

Affiche rwandaise vantant les mérites des gacaca. *Ukuri kurakiza* signifie : « La vérité guérit. »

AU RWANDA, pour désengorger la justice qui doit traiter de nombreuses affaires de génocide*, les autorités ont mis sur pied les ***gacaca****, des tribunaux en plein air. *Gacaca* veut dire « gazon » en kinyarwanda*, la langue parlée dans le pays. Le mode de fonctionnement des gacaca est le suivant : les accusés, les témoins, les victimes et la population s'installent sur un terrain vague, et chacun dit tout ce qu'il sait des événements meurtriers qui se sont déroulés dans son quartier lors du génocide de 1994.

Les gacaca sont organisés par l'État, selon plusieurs niveaux :

- ceux qui ont pillé et/ou volé sont jugés par la **cellule** – c'est-à-dire le plus petit échelon administratif ;
- ceux qui ont « donné la mort sans l'intention de la donner » sont jugés par le **secteur**, et ceux qui ont été des « fidèles exécutants », par le **district** ;
- enfin, « les planificateurs et les grands responsables » sont jugés par les **tribunaux classiques**.

Pendant le déroulement des gacaca, on assiste à une forme de **thérapie de groupe**, le but étant d'amener les uns et les autres à reconnaître leur part de responsabilité et à se pardonner. Les sanctions sont de ce fait moins lourdes que dans un tribunal normal.

Les gacaca constituent un héritage de la coutume rwandaise. Les problèmes entre villageois étaient réglés sous un ***arbre à palabres****, et après, on n'en reparlait plus !

Le génocide

En avril 1994, l'avion du président rwandais, un Hutu*, est abattu en plein vol au-dessus de l'aéroport de Kigali. Pour se venger, les Hutus (80 % de la population) massacrent de nombreux Tutsis* (20 % de la population). Entre 500 000 et 1 000 000 de personnes ont trouvé la mort lors de ces événements, c'est pourquoi on parle de génocide. Les tensions entre Hutus et Tutsis au Rwanda existent depuis longtemps. Déjà en 1962, après l'arrivée au pouvoir d'un régime hutu, de nombreux Tutsis avaient subi des massacres. Ils avaient été contraints de fuir en grand nombre et de se réfugier dans les pays voisins. Depuis le changement de pouvoir en 1994, un grand nombre de ces Tutsis ont regagné le Rwanda.

ACTIVITÉS

1 **Quelle est la signification du terme *gacaca*, en langue locale ?**

____

2 Le 19 juin 2002 a été lancée la première séance de gacaca. Cela s'est passé sur une colline, à Kamashashi, une cellule administrative du secteur Nyarugunga, dans le district de Kanombe, qui dépend de la mairie de Kigali. L'homme qui préside la juridiction n'est pas vêtu d'une toge comme les magistrats habituels, mais d'un costume ordinaire. Il est entouré de 18 autres juges, parmi lesquels 12 femmes. Pendant la séance, chacun a droit à la parole, à la condition qu'il lève le doigt pour qu'on la lui donne. Les témoins et les autres assistants au procès sont assis sur l'herbe ou adossés aux arbres.

Racontez comment fonctionne un gacaca.

____

____

____

____

3 **Les gacaca jugent les génocideurs selon plusieurs niveaux. De quel type de délit et crime faut-il être accusé pour être jugé par :**

- la cellule ? ______________________________
- le secteur ? ______________________________
- le district ? ______________________________
- les tribunaux classiques ? ______________________________

4 **Selon vous, quels sont les avantages et les inconvénients des gacaca ?**

- Avantages : ______________________________

____

- Inconvénients : ______________________________

____

5 **Sur la carte de l'Afrique des Grands Lacs, placez le Rwanda.**
Citez deux villes importantes du Rwanda.

____

____

6 **Comment appelle-t-on les populations originaires du Rwanda ?**

____

À l'origine de ce qu'on appelait le royaume de Ruanda-Urundi se trouve la dynastie des Ganwas*. La gestion des deux territoires se fait séparément pendant la colonisation, et c'est à l'accession à l'indépendance que le premier territoire prend le nom de Rwanda.

L'OCÉAN INDIEN

Comores, Madagascar, île Maurice, Mayotte, la Réunion, Seychelles

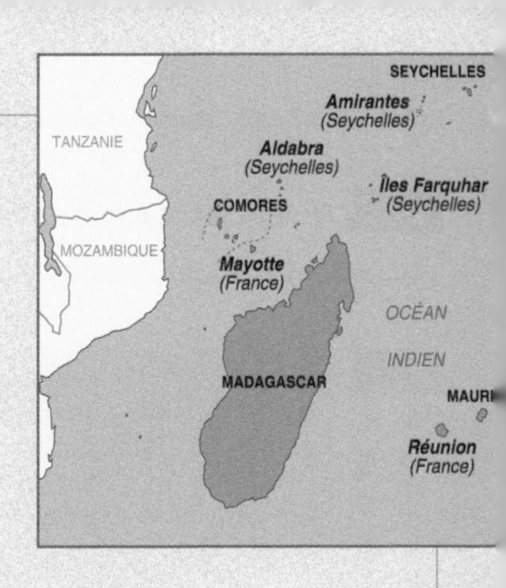

Paysage des Comores. Les cases traditionnelles donnent directement sur l'océan Indien.

GÉOGRAPHIE

Cette partie du monde rassemble plusieurs îles de l'océan Indien. Cet ensemble va du continent africain à l'ouest, aux pays asiatiques au nord, et à l'Australie à l'est.

Le relief de ces **îles volcaniques** est en général assez accidenté. Leurs volcans sont peu en activité, à l'exception notable du **piton de la Fournaise** à la Réunion, qui culmine à 2631 mètres.

Le climat est chaud et humide, très influencé par la mer. Les températures varient autour de 22°C et ne dépassent jamais les 30°C. Des pluies parfois abondantes arrosent pendant toute l'année l'ensemble de ces territoires qui, à certaines périodes de l'année, se trouvent aussi très exposés aux cyclones.

HISTOIRE

Selon les historiens, le peuplement de ces territoires a débuté aux alentours du Ve siècle après Jésus-Christ. Les premiers habitants étaient des Africains d'origine bantoue*. Sont venus par la suite des Arabo-Shirazi* du golfe Persique (de l'Iran principalement) et, plus tard, des Malais, des Indiens, des Chinois, ainsi que des Européens et des esclaves africains entre le XVIe et le XVIIIe siècle. Pendant plusieurs années, ces sociétés ont été organisées sur le même modèle que celles du continent africain, c'est-à-dire un système féodal assis sur des chefferies* très puissantes. Elles verront très tôt s'installer les Occidentaux, ce qui aura pour conséquence de démanteler ce système. La plupart des territoires seront administrés comme des colonies* dès l'abolition de l'esclavage à partir de 1848. Certains d'entre eux obtiendront leur indépendance à partir de 1960, dans les mêmes conditions que le reste de l'Afrique.

Une zone de cyclones

L'océan Indien est traversé chaque année par une dizaine de **cyclones**. C'est de novembre à avril qu'ils sont les plus fréquents, mais en règle générale, ils restent d'une violence limitée. Depuis 1960, treize cyclones seulement ont dépassé la vitesse de 100 kilomètres/heure. Mais Madagascar et la Réunion, qui sont souvent les plus touchées lors de ces cyclones, ont mis sur pied un important dispositif de prévention au cas où les vents souffleraient à plus de 165 kilomètres/heure, ce qui serait alors considéré par les météorologues comme des « cyclones intenses ». En 1989, sur l'île de la Réunion, le passage d'un cyclone baptisé *Firinga* avait causé d'importants dommages.

ACTIVITÉS

1 **Quelles sont les régions voisines de l'océan Indien ?**

2 **Citez les caractéristiques géographiques de l'océan Indien.**

- Relief :
- Climat :
- Pluies :

3 **Combien de cyclones traversent en moyenne chaque année l'océan Indien ?**

Généralement, en début de saison, les cyclones à venir sont connus, et on leur donne des noms locaux très exotiques.

4 Le 29 janvier 1989, l'île de la Réunion a vécu une nuit d'horreur. Un cyclone nommé *Firinga* a inondé les habitations, détruit les routes et les poteaux électriques, dévasté les bâtiments, etc. La vitesse des vents dépassait les 200 kilomètres/heure, le tout accompagné de pluies diluviennes et d'une élévation importante du niveau de la mer. Avant le *Firinga*, l'île de la Réunion avait subi, en 1948, un cyclone très violent qui avait fait 165 morts. Grâce aux moyens de prévention actuels, les cyclones sont certes encore responsables de destructions matérielles, mais très peu de morts sont à déplorer.

Citez deux dommages importants occasionnés par le cyclone Firinga.

- **Citez quelques caractéristiques de ce cyclone.**

- **Les cyclones présentent-ils aujourd'hui les mêmes dangers qu'il y a cinquante ans ?**

5 **Qui étaient les premiers occupants des îles de l'océan Indien ?**

6 **Racontez comment les Européens se sont installés dans l'océan Indien.**

Un électeur en train de voter à Madagascar. Dans cette région, l'alternance politique entre peu à peu dans les mœurs.

POLITIQUE

Les îles francophones de l'océan Indien ont respectivement **trois statuts politiques** :

- Les Comores, Madagascar, l'île Maurice et les Seychelles sont **indépendants**.
- Mayotte a un statut de **collectivité départementale**. En clair, c'est un territoire français, mais qui dispose d'une assez grande autonomie.
- La Réunion est un **département français d'outre-mer**, qu'on appelle aussi **DOM**.

Ces différents statuts ont quelques conséquences sur l'équilibre intérieur des pays de cette région : le niveau de vie à la Réunion ou à Mayotte reste très au-dessus du niveau de vie aux Comores par exemple, ce qui a abouti à une crise intérieure aux Comores. Une des îles de cet archipel a récemment souhaité se rattacher à nouveau à la France.

L'île Maurice est, depuis plusieurs années, une démocratie. Les autres pays et territoires se sont également lancés dans cette voie et, ces dernières années, des élections ont abouti à des changements de régimes à la tête des États.

ÉCONOMIE

Le miroir économique de l'océan Indien est l'île Maurice qui, en une dizaine d'années, est passé du statut de pays pauvre à celui de dragon industriel ! Sa zone franche est devenue un modèle de réussite dans le commerce international, et les États africains tentent de plus en plus de s'en inspirer. Si le textile reste la principale ressource d'exportation de la zone, le sucre continue de jouer un rôle important dans les économies des différents pays, de même que le tourisme. Actuellement, ce dernier connaît un développement très important dans la région. L'île Maurice se spécialise aussi de plus en plus dans les nouvelles technologies. Suite à une succession de crises politiques, Madagascar qui dispose d'un important potentiel économique et de ce fait aurait pu jouer un rôle de locomotive, reste à la traîne.

Les coups d'État

Un ancien mercenaire français a été impliqué dans plusieurs coups d'État en Afrique : il s'appelle Bob Denard. Il finira par prendre le contrôle du pouvoir aux Comores en mai 1978 et y installera son protégé, Ahmed Abdallah. Il devient ainsi l'homme le plus puissant du pays, allant jusqu'à se donner un nom comorien, Moustapha M'hadjou. En 1989, dans des circonstances toujours confuses, le président Ahmed Abdallah est assassiné. Bob Denard quitte alors les Comores et, depuis, il est poursuivi pour assassinat par les tribunaux français.

ACTIVITÉS

1 Citez les statuts politiques des six territoires francophones de l'océan Indien.

2 Quelles peuvent être les conséquences de cette différence de statuts entre des territoires voisins sur l'équilibre intérieur de ces pays ?

3 Quel est le pays dans lequel s'est établi le mercenaire français Bob Denard ?

4 Y a-t-il déjà eu un coup d'État dans votre pays ?

- Si oui, comment s'étaient déroulées les opérations et quelle a été l'issue de ce coup d'État ?

5 Trouvez-vous que l'on peut justifier un coup d'État ?

6 Quel est le pays le plus développé de l'océan Indien ?

7 Quels sont les principaux secteurs sur lesquels repose l'économie des territoires de l'océan Indien ?

8 Selon vous, quels sont les atouts dont dispose Madagascar pour pouvoir jouer le rôle de locomotive économique de cette région ?

Le mélange des peuples venus d'Afrique, d'Asie et d'Europe donne un aspect physique très métissé aux habitants de l'océan Indien.

LANGUES

À l'image des habitants des îles de l'océan Indien, les langues ici sont très mélangées. Langues africaines et asiatiques ont donné naissance à plusieurs langues voisines telles que **le malgache** et ses différentes variantes parlées à Madagascar ; **le mahorais**, parlé par les trois quarts de la population de Mayotte ; ou **le comorien**, parlé aux Comores. À la Réunion, aux Seychelles ou encore à Mayotte, les habitants d'origines diverses ont créé sur place un parler et une culture typiques qu'on appelle **le créole***.

RELIGIONS

La diversité ethnique et culturelle de l'océan Indien se traduit également au niveau des pratiques religieuses. Madagascar est très influencé par le christianisme, aussi bien le catholicisme romain que, par exemple, les témoins de Jéhovah. L'islam est très implanté aux Comores et à Mayotte. Ces deux religions sont présentes dans les autres îles, mais on y retrouve aussi l'hindouisme pratiqué par les Indiens de la région.

Mais en règle générale et quelle que soit la religion pratiquée, des rites animistes, héritage des traditions africaines, ont encore largement cours dans tous ces territoires.

Le swahili

S'il y a une langue africaine qui a grandement influencé les langues parlées dans les îles de l'océan Indien, c'est le ***swahili****. Cette langue, qui domine dans toute la partie est de l'Afrique, est aujourd'hui proposée par de nombreux intellectuels africains comme langue fédératrice de leur continent. En clair, selon eux, si l'Afrique veut réaliser son unité, il faudra qu'une langue authentiquement africaine soit apprise par tous les Africains. Et cette langue est le swahili, déjà largement répandu sur ce continent et qui connaît depuis le XVIIe siècle une tradition écrite. Le terme *swahili* dérive d'une racine arabe, *sahil,* qui veut dire « côte » ou « littoral ». Mais il s'agit en fait d'un mélange de plusieurs langues originellement parlées au Kenya, en Tanzanie et dans la région des Grands Lacs.

ACTIVITÉS

1 **Citez trois langues parlées dans l'océan Indien.**

2 **Citez une caractéristique commune à ces trois langues.**

3 **À partir du texte, donnez deux raisons qui pourraient justifier l'adoption du swahili comme langue de tous les Africains.**

4 **Selon vous, si les Africains parlaient tous une même langue, quels seraient :**

- les avantages ?

- les inconvénients ?

5 **Quelles sont les religions les plus pratiquées dans les régions de l'océan Indien ?**

6 **Comparez le créole réunionnais avec le créole calédonien (p.130).**

Petit lexique du créole de l'île de la Réunion

- *zordi* = aujourd'hui
- *tien bo* = tiens bon
- *siouplé* = s'il vous plaît
- *ziskakan* = jusqu'à quand

HOMMES DE LETTRES

Ary Leblond (à gauche) et son frère Marius : deux écrivains français, précurseurs de la littérature réunionnaise.

Marius-Ary Leblond, les pionniers

Les deux frères Marius et Ary Leblond, sous le nom de plume Marius-Ary Leblond, décédés à la fin des années 1950, font figure de précurseurs de la littérature réunionnaise. Prix Goncourt en 1909 pour leur roman *En France*, ils ont bâti leur réputation autour de la propagande de la colonisation, qu'ils conçoivent comme une œuvre de civilisation.

Marius-Ary Leblond furent des auteurs très prolifiques et leurs romans les plus connus sont *Les Vies parallèles* (1902), *Le Secret des robes* (1902), *Fétiches* (1923), *La Croix du Sud* (1926), *Escale aux Mascareignes* (1935), *Le Trésor des Salanganes* (1948).

Jean-Joseph Rabearivelo, le poète obsédé par la mort

Le plus célèbre des poètes malgaches, et par-delà, de tout l'océan Indien, n'aura vécu que trente-six ans. Né en 1901, il se donnera la mort le 22 juin 1937 à cause de problèmes existentiels : il était déchiré au fond de lui-même parce qu'il se sentait rejeté par les Français, qui le considéraient comme une simple « réussite coloniale », et par les Malgaches, qui voyaient en lui un « lettré » blanc. Quelques années avant sa mort, il a cependant donné à la francophonie deux recueils de poèmes, considérés jusqu'à aujourd'hui comme des ouvrages majeurs : *Presque-songes* (1934) et *Traduit de la nuit* (1935).

Dans ses poèmes, Jean-Joseph Rabearivelo est obsédé par l'idée de la mort. On y sent une conscience torturée et incomprise.

Édouard Maunick, une voix forte de la francophonie dans l'océan Indien.

Édouard Maunick, la voix de l'océan Indien

Le poète Édouard Maunick est considéré comme le Mauricien qui donne une forte résonance à la francophonie dans son pays. Ce membre du Haut Conseil de la Francophonie, né en 1931, a publié depuis 1954 une vingtaine de recueils de poèmes, dont, récemment, *Paroles pour solder la mer* (1988). Outre ses activités littéraires, Édouard Maunick a aussi été un haut fonctionnaire : ambassadeur de son pays en Afrique du Sud et directeur à l'Unesco.

De lui, ses admirateurs disent : « Il vaut mieux entendre ses poèmes que les lire. » À la suite de cet appel, le poète a enregistré ses poèmes lus par lui-même, en deux disques. Pour beaucoup, Maunick est aussi une espèce de voix poétique de l'océan Indien et de ses îles, qui l'ont beaucoup inspiré.

ACTIVITÉS

1 Jean-Joseph Rabearivelo

- Pourquoi Jean-Joseph Rabearivelo se donne-t-il la mort ?

- Citez les titres de deux recueils de poèmes qui l'ont rendu célèbre et l'année de leur parution.

2 Édouard Maunick

- Quel est son pays d'origine ?

- Quelles sont les principales fonctions qu'il a occupées ?

3 Ce poème d'Édouard Maunick marque son attachement à deux caractéristiques majeures des territoires de l'océan Indien. Une de ces caractéristiques est liée au physique des populations, et l'autre à la géographie des territoires. Trouvez-les.

[...]
ni Afrique ni Jusant* ni Ponant*
que le métis brise l'anneau de honte
que notre image rencontre notre visage
ni noirs ni blancs ni jaunes
ni cathédrale ni temple ni mosquée ni pagode
mais Saints de la même
Bâtardise : l'ÎLE

Édouard Maunick, *Ensoleillé vif*,
Éditions Saint-Germain-des-Prés (1976).

4 Si vous étiez poète, quels sujets vous inspireraient ? Pourquoi ?

5 En quelle année et pour quelle œuvre les frères Marius-Ary Leblond obtiennent-ils le prix Goncourt ?

6 Parmi les romans écrits par Marius-Ary Leblond, un titre renvoie à une autre appellation des îles Maurice et de la Réunion. De quel titre s'agit-il ? (Voir encadré p. 83.)

1

MARIAGES

prendre femme

dur, dur !

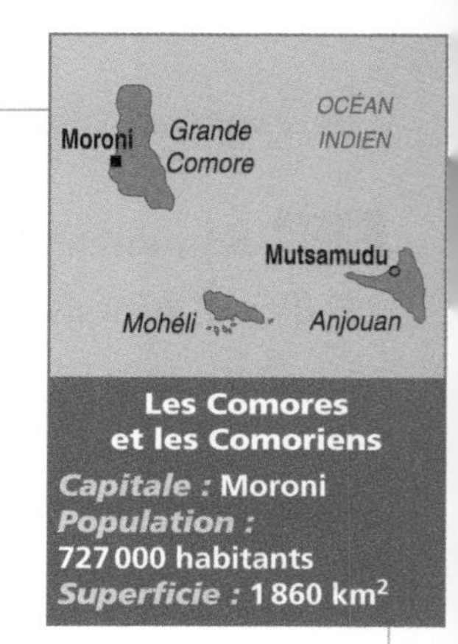

Les Comores et les Comoriens
Capitale : **Moroni**
Population :
727 000 habitants
Superficie : **1 860 km²**

Le *outriya moina dahoni* : le marié (à droite) rejoint son épouse au domicile conjugal.

AUX COMORES, pour se marier dignement, il faut faire ce qu'on appelle localement le **grand mariage***. Il désigne les étapes que l'homme et la femme doivent franchir pendant environ un mois, avant de vivre ensemble sous le même toit. Tout commence généralement par la cérémonie du ***madjilisse****. Il s'agit d'annoncer sur la place publique les dates des manifestations du mariage. Immédiatement après suit le ***djailco la mabélé****, pendant lequel les femmes manifestent bruyamment leur joie dans tout le village. Après vient le ***djéléo**** qui consiste à distribuer de l'argent, du riz et de la viande de bœuf à tout le village. Pendant toute la semaine, de nombreuses autres fêtes aux noms comoriens spécifiques sont organisées, jusqu'au moment culminant : le ***outriya moina dahoni****, ce qui veut dire « amener le marié retrouver sa future femme dans leur foyer ». Le même soir s'organise le ***oukoumbi****, une danse importante au cours de laquelle la mariée apparaît pour la première fois. Enfin, pour ceux qui ont beaucoup d'argent, il leur est conseillé d'inviter tout le monde chez eux, pendant neuf jours consécutifs !

Le grand mariage est célébré avec de moins en moins de rigueur par les Comoriens, car il coûte très cher. Mais il reste un élément important de leur patrimoine culturel.

La polygamie

La **polygamie***, qui est le fait pour un homme d'épouser plusieurs femmes, reste très courante aux Comores, comme d'ailleurs dans de nombreux pays africains. Pour les musulmans, cette coutume n'est pas en contradiction avec leur religion. Et pour les autres populations bantoues* d'Afrique, elle fait partie des traditions. Ces traditions voulaient qu'on ait plusieurs femmes pour avoir beaucoup d'enfants, car l'enfant a été pendant longtemps considéré dans ces sociétés comme une richesse. Un grand nombre d'enfants signifiait plus de personnes aptes à travailler aux champs ! Mais, avec l'occidentalisation du mode de vie dans la plupart des pays, la polygamie est en régression.

ACTIVITÉS

1 **Définissez les étapes suivantes du « grand mariage » :**

- le madjilisse : ______________________________
- le djailco la mabélé : ______________________________
- le djéléo : ______________________________
- le outriya moina dahoni : ______________________________
- le oukoumbi : ______________________________

2 **Parmi ces étapes du grand mariage, citez-en deux qui vous semblent justifiées et deux autres que vous trouvez inutiles.**

____

3 **Définissez la polygamie.**

____

4 **Comment célèbre-t-on les mariages dans votre pays ?**

____

5 **Sur la carte de l'océan Indien de la page 180, placez les Comores.
Citez les trois principales îles qui composent les Comores.**

____

6 **Comment appelle-t-on les populations originaires des Comores ?**

____

2

FUNÉRAILLES

les morts
ne sont pas morts

Madagascar et les Malgaches
Capitale : Antananarivo
Population : 16,4 millions d'habitants
Superficie : 587 040 km²

À MADAGASCAR, les populations croient dur comme fer en la puissance des ancêtres défunts. Pour elles, les morts veillent sur les vivants qui respectent leur mémoire. Si ces vivants ne le font pas, ils risquent de provoquer leur colère.

L'exhumation des morts à Madagascar, ou le *famadihana*.

Pour être en paix avec les ancêtres défunts donc, les Malgaches organisent de coûteuses cérémonies traditionnelles lors du décès d'un membre de leur famille. Ce sont d'abord d'importantes funérailles, qui paralysent toute activité des participants pendant parfois plusieurs mois. Ensuite, et c'est le plus important, on procède à l'**exhumation*** du corps du mort, après qu'il s'est desséché. C'est le ***famadihana****, qui veut dire « fête de l'exhumation des morts ». Cette cérémonie a généralement lieu l'année qui suit le décès. On déterre le mort, on nettoie ses os, on change son linceul et on le garde chez soi pendant deux jours, avant de l'enterrer à nouveau après une procession. Enfin, les derniers rites consistent en sacrifices d'animaux (poulets, bœufs, etc.) offerts aux morts, en même temps que d'autres aliments.

Ce n'est qu'après tous ces rituels* que les vivants peuvent avoir la paix ! Mais le famadihana n'est pas qu'une fête spirituelle. C'est aussi l'occasion pour toute la grande famille de se rencontrer. Les aînés en profiteront pour expliquer leurs origines à leurs cadets, de même que les liens entre leur famille et les autres familles.

La malchance

Dans les sociétés où le culte des morts reste vivace, on croit beaucoup en la relation entre tout désagrément professionnel, familial ou affectif et le non-respect de la mémoire du mort. S'il vous arrive quelque chose de mal, c'est que vous n'avez pas réalisé tel ou tel rite, vous dira-t-on. À Madagascar par exemple, si quelqu'un est victime d'un accident de la route, on prétendra que c'est parce qu'il n'a pas pratiqué le famadihana d'un de ses proches. Selon les croyances locales, le fait de ne pas pratiquer les rites des ancêtres entraîne le malheur dans la famille.

ACTIVITÉS

1 **Certains Malgaches attribuent des pouvoirs aux morts. Citez l'un de ces pouvoirs.**

2 À Madagascar, on l'appelle le ***ombiasy**** ou ***olono be hasina****. Il s'agit d'une personne capable d'entrer en contact avec les ancêtres, pour que ceux-ci lui dictent les méthodes à employer en vue de guérir telle ou telle maladie. Il est très aimé des populations, contrairement au ***mpamosavy****, personne, elle aussi, capable de communiquer avec les ancêtres, mais pour faire du mal aux autres. Le mpamosavy est craint et méprisé par la population. Mais tous les deux montrent à quel point la société malgache reste attachée à ses ancêtres défunts.

Comment les Malgaches organisent-ils les obsèques de leurs proches ?

3 **Décrivez la cérémonie du famadihana.**

4 **Comment organise-t-on les obsèques dans votre pays ?**

5 **Sur la carte de l'océan Indien de la page 180, placez Madagascar.**
Citez cinq villes importantes de Madagascar.

6 **Comment appelle-t-on les populations originaires de Madagascar ?**

Madagascar est la quatrième île la plus grande au monde. Elle a été découverte le 10 août 1500 par un navigateur portugais. Comme le 10 août est le jour de la Saint-Laurent, Madagascar s'est appelée l'île Saint-Laurent pendant quelques années après sa découverte.

3

COMMERCE

la zone franche

pour modèle de développement

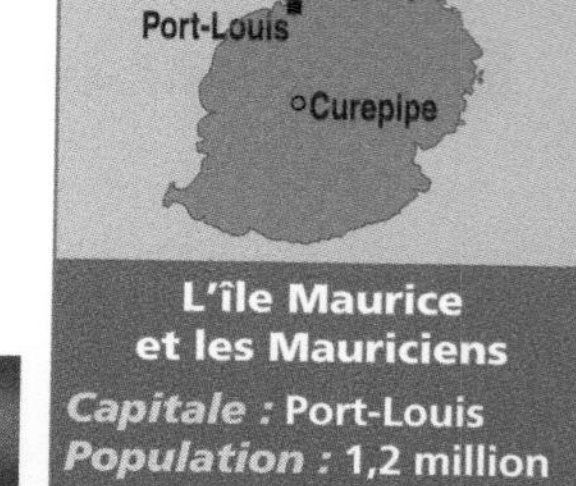

L'île Maurice et les Mauriciens

Capitale : Port-Louis
Population : 1,2 million d'habitants
Superficie : 2 040 km²

La zone portuaire de la ville de Port-Louis à Maurice, où est implantée la zone franche.

L'ÎLE MAURICE est le premier pays en Afrique à avoir adopté la **zone franche**, dès 1970. Et cette expérience séduit tout le monde! Aujourd'hui, plus de 500 entreprises y sont installées et emploient plus de 91 000 personnes, soit près du cinquième de la population active. Le secteur économique qui en profite le plus est celui du textile, qui est concerné par plus de la moitié des exportations.

Pourquoi la zone franche a-t-elle été un aussi grand succès à l'île Maurice? Parce que dès le départ, il y a eu une stabilité politique, c'est-à-dire que le pouvoir politique ne changeait pas régulièrement. Ensuite, une vraie volonté d'ouverture aux autres a entraîné l'arrivée de nombreux Asiatiques. Et enfin, on y mène une lutte sévère contre la corruption.

Depuis quelques années, l'île Maurice est ainsi devenue un modèle économique pour toute l'Afrique. Le revenu annuel par tête d'habitant y est de 4 000 dollars, ce qui est énorme, comparé à ses voisins. Mais le modèle économique s'essouffle de plus en plus, c'est pourquoi le pays essaie de diversifier son économie depuis ces dernières années. Il s'investit dans les services financiers et informatiques, afin de conquérir tous les marchés de l'océan Indien et de l'Afrique dans le domaine de la haute technologie.

Les ports africains

Le découpage de l'Afrique n'a pas permis de doter chacun des pays d'un accès à la mer. Ainsi, de nombreux pays, enclavés* à l'intérieur de ce continent, ont beaucoup de mal à commercer avec les autres États. Sans ports maritimes, ils comptent le plus souvent parmi les plus pauvres d'Afrique.

Tous les pays situés sur les côtes qui bordent le continent africain possèdent des ports qui représentent des outils de développement importants. Mais rares sont ceux qui ont véritablement su les rentabiliser, comme l'a fait l'île Maurice avec le sien, Port-Louis.

ACTIVITÉS

1 Connaissance de la zone franche de l'île Maurice

Une zone franche est un territoire bien déterminé à l'intérieur d'un pays, qui bénéficie d'une fiscalité très allégée. Par exemple, elle n'est pas soumise aux droits de douane. Mais la production qui sort de cette zone ne doit pas être commercialisée dans le pays qui l'héberge. Elle est exclusivement vouée à l'exportation.

- Quand l'île Maurice s'est-elle dotée d'une zone franche ?

- Combien d'entreprises y sont-elles aujourd'hui installées ?

- Combien de personnes y travaillent-elles ?

2 Citez trois raisons qui sont à la base du succès de la zone franche à Maurice.

3 Citez une conséquence chiffrée de la zone franche sur le niveau de vie des Mauriciens.

4 Existe-t-il un port maritime ou fluvial dans votre pays ? Si oui, pensez-vous que votre pays en tire le meilleur profit ?

5 Sur la carte de l'océan Indien de la page 180, placez l'île Maurice. Citez les quatre îles les plus importantes qui constituent ce qu'on appelle l'île Maurice :

6 Comment appelle-t-on les populations originaires de l'île Maurice ?

Au XVIIe siècle, les Hollandais, qui sont installés sur cette île découverte auparavant par le Portugais Pedro Mascarenhas, l'ont baptisée Mauritius, en l'honneur de leur prince Maurice de Nassa. Dans certains ouvrages, l'île Maurice, ainsi que sa sœur l'île de la Réunion, sont appelées **les Mascareignes**.

4

HABITATIONS

les bangas

pour responsabiliser les jeunes

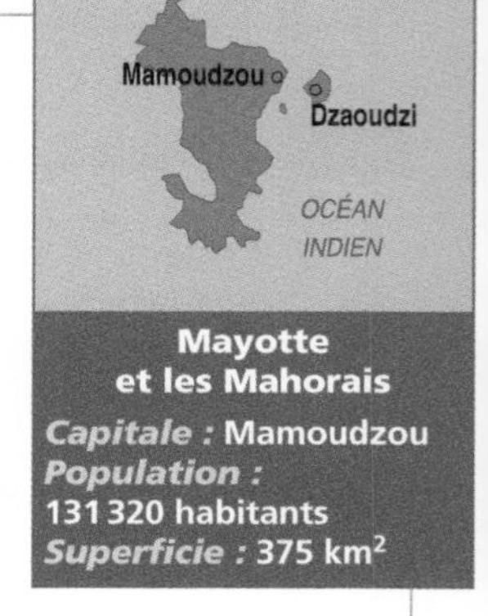

Mayotte et les Mahorais
Capitale : Mamoudzou
Population : 131 320 habitants
Superficie : 375 km²

À MAYOTTE, les garçons quittent l'habitation familiale entre douze et quinze ans, et construisent leur propre maison, généralement en dehors du village. On appelle ces habitations les ***bangas****.

Cette coutume est justifiée par le fait que l'habitation traditionnelle mahoraise ne comporte en général qu'une ou deux pièces au plus, et il n'est pas jugé convenable de laisser tous les frères et sœurs cohabiter dans une telle promiscuité.

Un jeune Mahorais dans sa nouvelle case, un *banga*.

Le banga est une construction en **bambous*** sur laquelle on a appliqué un mélange de terre et d'herbes séchées et broyées. Le toit est en **feuilles de coco** tressées. Le banga n'exclut pas le jeune de la maison familiale, puisqu'il continue à venir y prendre ses repas. Mais cet éloignement lui permet principalement d'apprendre la sexualité. Car à Mayotte, les mariages précoces sont la règle.

La construction d'un banga constitue une étape majeure dans la vie d'un adolescent. Elle consacre son entrée dans le monde des adultes, et cela est dignement fêté.

MUSIQUE

le séga

la danse du bassin

Saint-Denis
Saint-Paul
▲ Piton de la Fournaise
Saint-Louis
OCÉAN INDIEN

La Réunion et les Réunionnais
Capitale : Saint-Denis
Population : 706 300 habitants
Superficie : 2 510 km²

LA RÉUNION vibre depuis un siècle et demi au rythme du ***séga****, également très à la mode à Maurice. Il s'agit d'un rythme inventé par des descendants d'esclaves et qui se joue en toutes occasions : services funéraires, mariages, anniversaires, etc. Le séga se danse un peu comme la plupart des musiques des îles. Il laisse libre cours à des tournures suggestives du bassin*.

Les femmes le dansent habillées de petits hauts* noués sur le devant, d'une jupe collante aux hanches et très large vers le bas, de telle manière qu'elles puissent en saisir les extrémités pour les agiter. Pour les hommes, il est exigé une chemise et un pantalon corsaire*. Les couleurs des vêtements sont le plus souvent vives.

Le séga se modernise de plus en plus, et il n'est pas rare de voir les jeunes artistes jouer avec du matériel électronique pour leurs accompagnements. Ce rythme a même évolué ces dernières années en *seggae*, influencé par le reggae jamaïcain, ou en *seggaemuffin*, influencé par le raggamuffin chanté par les jeunes Américains. Mais à la Réunion, tout le monde fera la différence entre les variantes modernes seggaemuffin et raggamuffin, et ce qu'on appelle ici le **séga typique**, que pour rien au monde on ne veut voir disparaître.

ACTIVITÉS

1 **Pourquoi construit-on des bangas à Mayotte ?** ______

2 **Décrivez un banga :** ______

3 **Sur la carte de l'océan Indien de la page 180, placez Mayotte. Citez deux villes importantes de Mayotte.**

______

• **Comment appelle-t-on les populations originaires de Mayotte ?** ______

4 **Connaissance du séga**

• Depuis combien de temps existe-t-il ? ______

• Qui l'a inventé ? ______

• Au cours de quelles cérémonies le joue-t-on ?

______

• Décrivez la danse du séga.

______

Danseuse de séga sur la plage.

5 **Décrivez la tenue des hommes et des femmes quand ils dansent le séga.**

______

La *ravanne* est l'instrument de base du séga. Il s'agit d'une percussion qui donne le rythme et le son à tous les ségas typiques. Elle est constituée d'un tambour de 80 à 90 cm taillé dans du bois de goyave* chinois, recouvert d'une peau de chèvre tendue. Avant son utilisation, elle doit être chauffée afin que la peau de chèvre soit mieux tendue, ce qui permet d'obtenir un son parfait. Les musiciens utilisent aussi d'autres instruments rudimentaires tels que le *bobre**, qui est un morceau de bois tendu par deux cordes et relié à une calebasse. Ces instruments et les vêtements particuliers des danseurs donnent au séga une véritable couleur locale.

6 **Sur la carte de l'océan Indien de la page 180, placez la Réunion. Citez deux villes importantes de l'île de la Réunion.**

______

• **Comment appelle-t-on les populations originaires de l'île de la Réunion ?** ______

5

TOURISME

le jardin d'Éden
en 115 îles

Île Aride
Île Praslin
Île la Digue
Île Nord
Île Silhouette
Île Frigate
Victoria
Île Ste-Anne
Mahé
OCÉAN INDIEN
Île Thérèse

Les Seychelles et les Seychellois
Capitale : Victoria
Population : 81 000 habitants
Superficie : 455 km²

LES SEYCHELLES constituent un territoire unique au monde : c'est un archipel de 115 petites îles ayant un sol, une faune et une flore particuliers. Les îles sont d'une exceptionnelle beauté, ce qui a fait dire à certains que les Seychelles étaient « un don du tourisme ». La mer est bleue, associée à un sol granitique et corallien. En 1982, l'**île d'Aldabra**, qui abrite 100 000 tortues géantes, est devenue le premier « patrimoine mondial de l'humanité » de l'Unesco. Pour ce qui est de la flore, outre des espèces anciennes, conservées depuis des millions d'années, on trouve sur l'**île de Praslin**, dans la vallée de Mai nommée également « jardin d'Éden » par les touristes, un palmier appelé ***coco-de-mer****, qui n'existe qu'aux Seychelles. Ses graines doubles sont les plus grosses au monde et leur forme est tellement suggestive que certains les appellent les ***cocos-fesses****.

Les Seychelles ont su mettre ces atouts au service du tourisme, qui est devenu la principale industrie du pays. En quinze ans, ses recettes touristiques ont été multipliées par plus de trois.

Tortue géante de plus de 100 kilogrammes, que l'on trouve seulement aux Seychelles.

Les îles et le tourisme

Dans l'imaginaire des gens, les îles représentent l'**exotisme**, le soleil, la mer… donc le tourisme. L'océan Indien n'échappe pas à cette règle. En tête, les Seychelles et l'île Maurice sont aujourd'hui parmi les destinations touristiques mondiales les plus courues, mais Mayotte, la Réunion et les Comores sont aussi de plus en plus prisées.

Ailleurs en Afrique, hormis au Kenya et dans les pays d'Afrique du Nord, le tourisme a du mal à se développer. Cependant d'autres pays ne manquent pas d'atouts naturels. Mais la pénurie de moyens de communication, l'absence d'une politique de promotion du tourisme et la corruption qui a cours dans certains États rendent difficile une exploitation touristique.

ACTIVITÉS

1 **Citez quelques atouts touristiques des Seychelles.**

2 On l'appelle *Dipsochelys élephantina*. C'est la plus grosse tortue terrestre du monde, car elle peut atteindre plus de 300 kilos. On ne la retrouve que dans l'atoll d'Aldabra, car elle a été exterminée partout ailleurs. Aldabra a été leur refuge parce que les bateaux, qui transportaient les marins qui les exterminaient, ne pouvaient y accoster.

Quelle est la classification attribuée à l'île d'Aldabra par l'Unesco ?

3 **Que représentent les îles dans l'imaginaire des gens ?**

4 **Citez trois raisons qui empêchent le tourisme de se développer aussi rapidement dans d'autres pays d'Afrique.**

5 **Sur la carte de l'océan Indien de la page 180, placez les Seychelles.**
Citez deux villes importantes des Seychelles.

- **Citez deux îles des Seychelles :**

6 **Comment appelle-t-on les populations originaires des Seychelles ?**

Découvert en 1505 par des navigateurs portugais, l'archipel des Seychelles a d'abord pris le nom de La Bourdonnais, en l'honneur du gouverneur de l'île Maurice, sous domination française. Ce gouverneur s'appelait Mahé de La Bourdonnais. Mais le nom actuel du pays vient d'un intendant français qui fut contrôleur général des finances, qui s'appelait Moreau de Sèchelles.

LES PAYS ARABES

Algérie, Djibouti, Égypte, Liban, Maroc, Mauritanie, Syrie, Tunisie

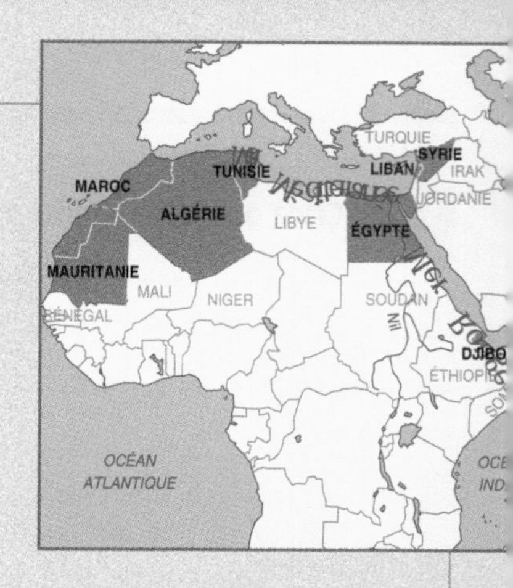

GÉOGRAPHIE

Les pays arabes francophones se trouvent principalement en Afrique du Nord et au Proche-Orient.

Ils ont presque tous en commun un climat aride qui devient généralement plus froid vers les côtes, car il subit une influence des mers et des cours d'eau de la région.

Ces pays ont trois ouvertures principales sur la mer : l'océan Atlantique à l'ouest, la Méditerranée au nord et la mer Rouge à l'est, qui borde la Corne de l'Afrique*. Le Nil, avec ses 6671 kilomètres depuis sa source dans la région des Grands Lacs, est le plus grand fleuve d'Afrique. Il irrigue l'Égypte sur plus de 1500 kilomètres, créant ainsi une importante zone économique tout au long de son cours.

HISTOIRE

Les pays arabes francophones ont, pour la plupart, une histoire très ancienne : des ossements humains datant de plus de 500000 ans avant Jésus-Christ ont été découverts en Algérie. C'est également sur des terres proches de ces pays francophones, notamment l'actuel royaume d'Arabie saoudite, qu'a été fondé l'islam, en 617 après Jésus-Christ.

En raison de la richesse de son histoire, cette région a été amenée à jouer un rôle politique et économique important tout au long des siècles qui se sont succédé.

L'Égypte antique

Ce qu'on appelle aujourd'hui la civilisation égyptienne a débuté trois mille ans avant Jésus-Christ. Jusqu'à aujourd'hui, les origines, les croyances, l'architecture et l'organisation de cette Égypte-là font toujours l'objet d'études et de recherches.
La société égyptienne était parfaitement organisée. Elle avait à sa tête un pharaon, qui était à la fois un dieu et un roi humain. Les pharaons les plus importants furent Ramsès II et Akhenaton. Cette civilisation a aussi produit une écriture, les **hiéroglyphes**, ce qui veut dire en grec « sacré et gravé ». Elle prendra fin en 342 ans avant Jésus-Christ, lorsque l'Égypte sera envahie par des populations perses.

Les pyramides égyptiennes furent construites plus de deux mille ans avant Jésus-Christ.

ACTIVITÉS

1 **Citez deux caractéristiques géographiques des pays arabes francophones.**

2 **Ces pays ont une ouverture sur un océan et deux mers. Citez-les.**

3 **Connaissance de la civilisation égyptienne**

- Quand débute-t-elle ?
- Comment appelait-on celui qui était à la tête de l'empire égyptien ?
- Quand prend-elle fin ?

4 Les Égyptiens croyaient en l'immortalité. C'est pourquoi, en plus de leur écriture, ils ont aussi inventé une méthode de conservation des corps des morts : la momification*. La momification avait pour but de permettre la continuité de la vie pour les défunts. Le corps était embaumé. Puis on lui retirait ses viscères et on le séchait. Ensuite, il était enduit d'huiles végétales et animales. Le corps, qui ne pouvait plus se décomposer, était placé dans une espèce de cercueil en bois peint et gravé, le sarcophage*. Il y restait pendant plusieurs années.

Comment appelle-t-on l'écriture inventée par cette civilisation ?

- **Quelle en est la signification en français ?**

Écriture en hiéroglyphes sur une surface en calcaire.

5 **Citez deux événements qui font des pays arabes les terres d'une histoire ancienne.**

Le roi du Maroc Mohamed VI, avec son épouse et leur fils. Il est à la fois chef du pouvoir exécutif et Commandeur des croyants.

POLITIQUE

Les trajectoires politiques de ces pays divergent. Hormis l'Égypte, qui a été un **protectorat** anglais jusqu'à son indépendance en 1922, tous les autres pays ont été sous administration française, avec des statuts différents :

- **L'Algérie** fut considérée comme partie intégrante de la France jusqu'à son indépendance, en 1962.
- **Le Maroc et la Tunisie** furent des protectorats français, jusqu'à leur indépendance en 1956.
- La Société des Nations (SDN), l'ancêtre de l'Organisation des Nations unies (ONU), avait donné un mandat à la France pour administrer **la Syrie et le Liban** jusqu'à l'indépendance de chacun de ces deux territoires, respectivement en 1941 et en 1943.
- **Djibouti** fut une colonie* française jusqu'à son accession à l'indépendance en 1977.

Tous ces pays sont actuellement des républiques, hormis le Maroc qui est une monarchie.

ÉCONOMIE

Les deux principales ressources économiques de ces pays sont le **pétrole** et le **tourisme**. L'Égypte, l'Algérie et la Syrie sont parmi les plus grands producteurs mondiaux de pétrole et de gaz naturel. Le Maroc détient à lui seul les trois quarts des réserves mondiales de phosphate. La Tunisie, le Maroc et l'Égypte sont des destinations touristiques de choix. Ces pays profitent aussi de leur proximité avec les riches États pétroliers du golfe Arabo-Persique, l'Arabie saoudite et le Koweït principalement.

La majorité de ces pays sont considérés comme des pays à revenus intermédiaires – situés entre les pays riches et les pays pauvres –, hormis Djibouti et la Mauritanie, qui sont des pays pauvres.

La guerre d'Algérie

L'Algérie a dû mener une guerre de libération pour obtenir son indépendance, car la France ne souhaitait pas s'en séparer. Le 1er novembre 1954 à 0 heure, des attentats en série éclatent dans le pays, lancés par un mouvement politique qui vient de naître, le **Front de libération nationale (FLN)**. La suite ne sera que meurtres et arrestations, jusqu'au retour au pouvoir en France du général de Gaulle, en 1958. Il entamera des négociations avec les indépendantistes algériens. En 1962, des accords sont signés dans la ville française d'Évian. Ces accords vont ouvrir la voie à l'indépendance de l'Algérie, la même année.

ACTIVITÉS

1 **Quels étaient les statuts politiques des différents pays arabes francophones avant leur accession à l'indépendance ?**

____

____

____

2 **Parmi ces pays, l'un est organisé en royaume ; lequel ?** ______________________________

Quel est le statut politique actuel des autres pays ? ______________________________

3 Les pays arabes se regroupent dans plusieurs instances politiques et économiques. La plus connue est la Ligue arabe, dont le siège est au Caire, en Égypte, et qui compte 22 pays, dont 9 pays francophones : l'Égypte, le Maroc, la Tunisie, l'Algérie, la Mauritanie, Djibouti, les Comores, le Liban et la Syrie. Il y a ensuite l'Organisation de la conférence islamique qui, elle, regroupe les pays musulmans. Les pays d'Afrique du Nord ont fondé l'Union du Maghreb arabe (UMA), qui regroupe le Maroc, la Tunisie, l'Algérie, la Mauritanie et la Libye.
Ces pays se répartissent aussi en deux grands ensembles : le Proche-Orient, qui comprend principalement l'Égypte, la Jordanie, Israël, la Palestine, la Syrie et le Liban ; et le Moyen-Orient, qui regroupe tous les pays arabes.

Quel pays francophone, membre de la Ligue arabe, n'est situé ni en Afrique du Nord ni en Asie ?

____

4 **Quelle est la différence entre le Proche-Orient et le Moyen-Orient ?**

____

____

____

5 **Comprendre la guerre d'Algérie**

- Quand et comment commence-t-elle ? ______________________________
- Quel est le mouvement politique qui mène cette guerre ? ______________________________
- Quand s'amorcent les négociations avec les indépendantistes ?

____

- Dans quelle ville sont signés les accords qui ont abouti à l'indépendance de l'Algérie ? ______________________________

6 **Quelles sont les principales ressources économiques des pays arabes ?**

____

____

____

LANGUES

La principale langue parlée dans ces pays est l'**arabe**, qui subit différentes influences en fonction des États.

- En Syrie et au Liban, certaines des minorités parlent le kurde, l'araméen* ou l'arménien*.
- En Algérie, la langue berbère*, le *tamazight**, est parlée en Kabylie. D'autres dialectes berbères sont aussi parlés au Maroc.
- En Mauritanie, outre l'arabe, on parle de nombreuses langues connues en Afrique de l'Ouest comme le *peul** ou *pular**, ou le *wolof**, parlé principalement au Sénégal.
- À Djibouti, on parle principalement deux langues, qui sont celles des clans qui dominent le pays, les Afars* et les Issas*.

Ces langues font partie des langues dites **chamito-sémitiques***, ce qui veut dire qu'elles ont une origine africaine et arabe.

Des pèlerins musulmans sur les terres saintes de l'islam, à La Mecque.

Texte écrit en arabe, la langue de l'islam.

RELIGIONS

La religion la plus importante dans les pays arabes est l'**islam**. Parmi tous les pays francophones arabes, c'est au Liban que la proportion entre musulmans et chrétiens est la plus équilibrée, avec respectivement 60 % de musulmans et 40 % de chrétiens. Les autres pays comptent une écrasante majorité de musulmans.

Mais on y trouve parfois de fortes minorités religieuses. C'est le cas des **coptes***, les chrétiens d'Égypte, qui représentent plus de 5 millions des quelque 70 millions d'Égyptiens. De très petites minorités de juifs et de chrétiens vivent également au Maroc, en Tunisie et en Algérie.

L'arabe

Au Iᵉʳ siècle de notre ère, l'arabe existait déjà. Comme l'hébreu ou le phénicien, il s'agit d'une **langue sémitique***. D'autres langues, comme le copte* ou l'égyptien ancien, sont appelées **langues chamitiques***. Ces noms ont été attribués par les historiens, qui désignent ainsi les descendants de Sem et de Cham, tous deux fils du patriarche Noé, selon les récits bibliques.
L'arabe prendra son expansion vers le début des années 600 après Jésus-Christ, car ce sera la langue qu'utilisera le prophète* Mohammed (Mahomet) pour répandre la parole de Dieu. C'est pourquoi jusqu'à aujourd'hui, l'arabe est considéré comme la langue de l'islam. Son alphabet a vingt-six consonnes et trois voyelles longues. Il s'écrit de droite à gauche.

ACTIVITÉS

1 **Quelle est la principale langue parlée dans les pays arabes ?**

____

2 **Citez les autres langues parlées par certaines minorités dans ces pays.**

____

____

____

3 **Connaissance de la langue arabe**

- Depuis quand existe-t-elle ?

____

- D'où proviennent les termes « chamitique » et « sémitique » ?

____

____

- Pourquoi dit-on que l'arabe est la langue de l'islam ?

____

4 **L'écriture arabe**

- De combien de signes l'alphabet arabe est-il constitué ?

____

- Dans quel sens écrit-on une phrase en arabe ?

____

5 **Pendant combien d'années aurait vécu Mohammed ?**

____

____

- **Pendant combien d'années aurait-il prêché ?**

____

____

____

Le nom de l'initiateur de l'islam est Abū al-Qāsim Muhammad, qu'on appelle plus simplement en français Mohammed ou Mahomet. Trois principales dates ressortent de sa vie :
- il serait né vers 570 de notre ère, à La Mecque ;
- en 622, il fonde l'islam, ensuite il quitte La Mecque pour Médine (qui sera la 2e ville sainte de l'islam) ;
- en 630, il revient à La Mecque qui devient alors le centre de l'islam ;
- il meurt en 632.

6 **Quelles sont les minorités religieuses qu'on trouve dans ces pays ?**

____

____

Naguib Mahfouz, le plus célèbre écrivain égyptien.

HOMMES DE LETTRES

Naguib Mahfouz, le premier écrivain arabe prix Nobel de littérature

Naguib Mahfouz, né en 1911 en Égypte, est le premier Arabe à avoir reçu le prix Nobel de littérature, en 1988. Certains l'ont surnommé le « Zola du Nil », car il s'attache à dépeindre avec réalisme la vie des gens modestes. De même, il n'hésite pas à traiter librement de sujets comme l'émancipation de la femme, ce qui lui attire souvent le courroux de certaines autorités religieuses. Parmi ses romans les plus connus, on peut citer *Le Passage des miracles* (1947), *Vienne la nuit* (1949), *Miramar* (1967), *La Route* (1967) ou *Miroirs* (1972).

Tahar Ben Jelloun, l'écrivain touche-à-tout

Tahar Ben Jelloun, né en 1944 au Maroc, a embrassé presque tous les genres littéraires : la poésie, le roman, l'essai, etc. Lauréat du prix Goncourt en 1987 avec *La Nuit sacrée,* Tahar Ben Jelloun mène une carrière d'universitaire en France et au Maroc.

Quelques romans publiés par Tahar Ben Jelloun : *La Réclusion solitaire* (roman, 1976), *La Plus Haute des solitudes* (essai, 1977), *À l'insu du souvenir* (poèmes, 1980), *La Fiancée de l'eau* (pièce de théâtre, 1984), *Le premier amour est toujours le dernier* (nouvelles, 1995), *Le Racisme expliqué à ma fille* (document, 1999), etc.

Tahar Ben Jelloun est l'un des principaux porte-voix de la littérature de la francophonie.

Amin Maalouf, l'apôtre du multiculturalisme

Amin Maalouf, d'origine libanaise, a obtenu le prix Goncourt en 1993 pour son roman *Le Rocher de Tanios*. Depuis, il est devenu l'un des écrivains francophones les plus connus. Beaucoup le peignent comme un apôtre du **multiculturalisme**, car on sent dans ses romans l'héritage de nombreuses traditions et influences, qu'on retrouve chez beaucoup de Libanais.

Ses œuvres les plus connues sont : *Léon l'Africain* (1986), *Samarcande* (1988), *Les Jardins de lumière* (1991) et bien sûr *Le Rocher de Tanios*, prix Goncourt 1993.

ACTIVITÉS

1 **En quelle année Naguib Mahfouz a-t-il obtenu le prix Nobel de littérature ?**

2 **Pourquoi surnomme-t-on Naguib Mahfouz le « Zola du Nil » ?**

3 **En quelle année et avec quel roman Tahar Ben Jelloun a-t-il reçu le prix Goncourt ?**

4 **Citez un roman, un essai, une pièce de théâtre et un recueil de poèmes écrits par Tahar Ben Jelloun.**

5 **En quelle année et pour quel roman Amin Maalouf a-t-il reçu le prix Goncourt ?**

6 **Pourquoi le peint-on souvent comme un apôtre du multiculturalisme ?**

La Francophonie s'est fixé pour objectif de promouvoir le multiculturalisme, ou diversité culturelle. En clair, il s'agit de permettre une coexistence des différentes langues et cultures dans les régions francophones, et même au-delà.

7 **Trouvez un point commun aux trois auteurs présentés ci-contre.**

1

MUSIQUE

le raï

un phénomène de société

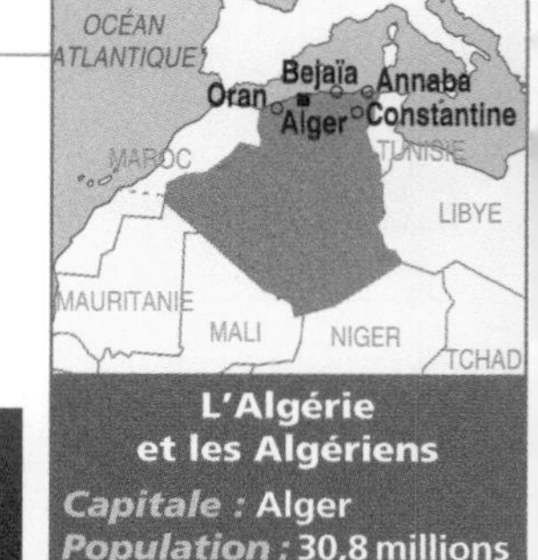

L'Algérie et les Algériens

Capitale : Alger
Population : 30,8 millions d'habitants
Superficie : 2 381 741 km²

El Hadj Khaled Brahim, dit Khaled, le roi du raï algérien.

EN ALGÉRIE, le ***raï**** est bien plus qu'un simple rythme musical : il influence la vie de tous les jours. C'est à la fois une musique d'improvisation et de poésie, qui exprime la misère quotidienne des gens, les aspirations des jeunes, les revendications sociales, économiques et politiques, etc.

Cette musique remonte aux origines de l'histoire arabe. Mais c'est au début du XXe siècle qu'elle se répand dans l'ouest de l'Algérie, dans la région d'Oran.

Au départ, elle n'est chantée que par les femmes lors des cérémonies de mariage et de circoncision*. Comme les femmes n'avaient pas le droit de se mélanger aux hommes, seules leurs voix traversaient les murs. C'est pourquoi jusqu'à aujourd'hui, un des critères importants pour être un bon chanteur de raï, c'est d'avoir une voix fine et travaillée.

Dès les années 1950, le raï devient une musique de revendications, associée aux mouvements qui réclament l'indépendance de l'Algérie. Ce n'est qu'à partir du milieu des années 1980 qu'il débarque en Occident. Depuis 1992, avec le titre *Didi* de Khaled qui a battu des records de vente, il est devenu une musique très écoutée dans les discothèques européennes.

Entre cheickh et cheb

Les Algériens sont attentifs à la génération à laquelle appartiennent les stars du raï. S'ils sont jeunes, on les appelle des ***cheb****, et dès qu'ils sont un peu plus âgés, ils deviennent des ***cheickh****. Cela n'a certes qu'une valeur anecdotique, mais dans les rues d'Oran, la capitale du raï, on y tient quand même. L'Algérie voit fleurir presque chaque année des nouvelles stars, qui relèguent au rang de « cheikh » les anciennes. La star montante est Faudel, né en France en 1987, en banlieue parisienne. Ce cheb a su mêler chanson française et raï, un peu comme le fit au début des années 1990 Khaled, désormais cheikh. Mais « cheikh » ne veut pas dire qu'on est usé. Khaled reste encore jusqu'à aujourd'hui le maître incontesté de la musique raï dans le monde.

ACTIVITÉS

1

Le mot *raï* signifie « point de vue », « avis » ou « façon de voir ». C'est pourquoi depuis ses débuts, les chanteurs de raï expriment leur avis sur les problèmes des Algériens. Dans les années 1930 par exemple, des célèbres précurseurs du raï moderne comme les chanteurs Ben Yamina ou Doubahi se prononcent ouvertement dans leurs chansons contre la colonisation française.

Quels sont les grands thèmes traités par cette musique ?

2 **Racontez l'historique du raï en Algérie.**

3 **Vers quelle période le raï commence-t-il à s'exporter ?**

4 **Citez un album de Khaled qui aura eu un succès international.**

• **Quel est le titre principal de cet album ?**

Le vrai nom de Khaled est El Hadj Khaled Brahim. Il naît le 29 février 1960 à Oran, en Algérie. Si, dès le début des années 1980, il est consacré par les Algériens « roi du raï », ce n'est qu'en 1992 qu'il conquiert l'Occident avec son album *Khaled* et surtout le titre « Didi ». Il est aujourd'hui le porte-drapeau le plus connu du raï dans le monde.

5 **Sur la carte des pays arabes de la page 180, placez l'Algérie.**
Citez cinq villes importantes d'Algérie.

6

« Algérie » vient du mot arabe *El Djezaï*, qui veut dire « les îles ». Ce nom lui a été donné vers le XVIe siècle, quand de nombreux îlots ont été rattachés à la ville d'Alger. Le nom français *Algérie* a été attribué en 1839 par Antoine Scheider, ministre français de la Guerre.

Comment appelle-t-on les populations originaires d'Algérie ?

2

POLITIQUE

démocratie nomade

la politique autrement

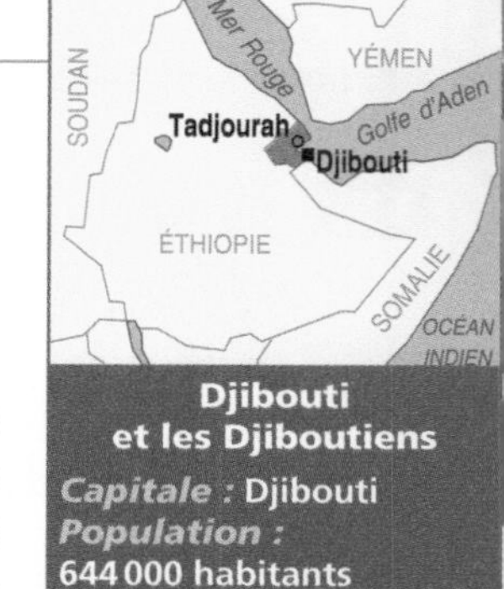

Djibouti et les Djiboutiens

Capitale : Djibouti
Population : 644 000 habitants
Superficie : 23 000 km²

À DJIBOUTI, la notion de **clan*** a une importance particulière dans le jeu politique. C'est, comme on dit là-bas, un fait politique, et non une tare. Les principaux responsables du pays en tiennent compte lorsqu'ils prennent des décisions importantes.

Le pays compte **cinq grands clans** : *les Afars*, les Arabes, les Gadaboursis*, les Issaqs* et les Issas** – et c'est important de toujours les citer dans cet ordre alphabétique de la première lettre des différents noms. Ainsi, la nomination aux postes importants ou la confection des listes électorales dans le cadre d'élections nationales tiennent compte de cette représentation sociologique.

Avec respectivement 20 et 34 % de la population, **les Afars et les Issas** constituaient les ethnies* majoritaires du pays. Et ils se disputaient déjà le pouvoir national avant que tous les autres clans n'aient une vraie reconnaissance politique. La colonisation française avait d'ailleurs entériné ce bicéphalisme, puisque le pays s'appelait avant son indépendance « Territoire français des Afars et des Issas ». Après de nombreuses guerres civiles dues aux luttes de clans, Djibouti a choisi son modèle de démocratie, que les leaders politiques locaux ont baptisé la **démocratie « nomade* »**. Et, depuis, les choses semblent aller mieux.

Le frère du village

Aucun État africain ne semble ignorer aujourd'hui, dans son organisation politique, ce que les sociologues analysent comme le **fait ethnique**. En clair, lors d'élections, une majorité de personnes, parce qu'elles sont généralement peu instruites, votent pour le candidat de leur ethnie. Là-bas, on parle du « **frère du village** ». C'est pourquoi tous ces pays ont mis sur pied une politique d'équilibre régional, où les différentes ethnies sont à peu près représentées dans la gestion du pays. L'avantage est de permettre à tout le monde de participer. L'inconvénient est que les critères de compétence cèdent parfois le pas à l'appartenance ethnique. Beaucoup estiment qu'avec l'éducation des populations, dans les prochaines années, les choses pourront changer.

Le palais colonial, place Ménélik, dans l'ancien Territoire français des Afars et des Issas, aujourd'hui Djibouti.

ACTIVITÉS

1 Quels sont les cinq grands groupes ethniques de Djibouti ?

______________________ ______________________

______________________ ______________________

____

2 Comment la démocratie djiboutienne fonctionne-t-elle ?

____

____

3 Complétez le cadre suivant. Il s'agit de composer un gouvernement de votre pays, dans lequel toutes les régions seraient représentées.

1. PREMIER MINISTRE

a) Nom : ______________________

b) Région d'origine : ______________________

2. DÉFENSE
a) ______________
b) ______________

3. FINANCES
a) ______________
b) ______________

4. TRAVAUX PUBLICS
a) ______________
b) ______________

5. AFFAIRES SOCIALES
a) ______________
b) ______________

6. AFFAIRES ÉTRANGÈRES
a) ______________
b) ______________

7. INTÉRIEUR
a) ______________
b) ______________

8. ÉDUCATION
a) ______________
b) ______________

9. JUSTICE
a) ______________
b) ______________

• **Indiquez un avantage et un inconvénient de ce système.**

____

____

____

4 Sur la carte des pays arabes de la page 180, placez Djibouti. Citez deux villes importantes de Djibouti.

____

____

5 Comment appelle-t-on les populations originaires de Djibouti ?

____

Djibouti est devenu une possession française en 1896, baptisée à l'époque Côte française des Somalis. En 1967, il prit le nom de Territoire français des Afars et des Issas, avant de reprendre son nom originel de Djibouti, lors de son accession à l'indépendance en 1977. Djibouti viendrait de *Dja-bouti*, qui en langue somali veut dire littéralement « le lieu où s'est cassé l'ogre ».

3

CINÉMA

le film arabe

riche et dynamique

L'Égypte et les Égyptiens

Capitale : Le Caire
Population : 69 millions d'habitants
Superficie : 1 001 450 km²

EN ÉGYPTE, Hollywood ne fait pas spécialement des envieux. Car le cinéma égyptien, le plus important du monde arabe, couvre l'ensemble des pays du Maghreb et du Moyen-Orient, et nourrit bien ses stars ! Le plus célèbre des cinéastes égyptiens, le réalisateur Youssef Chahine, a gagné plusieurs prix internationaux avec son importante production cinématographique.

L'intérêt des Égyptiens pour le septième art se manifeste dès le début du XXe siècle. En 1917, alors que le pays est encore un protectorat anglais, il compte déjà quatre-vingts salles. En 1927 est tourné le premier film entièrement joué par des nationaux. Son titre est *Leila*, qui est un succès phénoménal. L'Égypte se met alors à conquérir les marchés voisins. C'est par exemple en visionnant les films égyptiens que les populations du Maghreb, encore colonisées par la France, entendent parler et chanter en arabe au cinéma pour la première fois.

Depuis, l'Égypte s'est positionnée en leader du cinéma arabe. La production annuelle moyenne se situe autour d'une centaine de films.

Salle de cinéma dans un quartier populaire du Caire, en Égypte. Avant d'être exportés, les films égyptiens sont très regardés sur place.

Un cinéma qui évolue

Au fil des années, le cinéma égyptien a embrassé différents genres : la comédie musicale dans les années 1930-1940 ; le réalisme par la suite, avec comme chef de file l'écrivain Naguib Mahfouz ; plus tard, la narration, avec Youssef Chahine. Depuis le début des années 1980, ce cinéma a plutôt pour thème la description de la vie quotidienne, au détriment, selon certains, d'une réflexion plus approfondie autour des grandes problématiques. Cette orientation répond en fait à une demande du public, nombreux à investir les salles obscures lors de la sortie de tous ces films.

ACTIVITÉS

1 Connaissance du cinéma égyptien

- Quel marché couvre-t-il ?

- Quelle est sa star la plus connue ?

- Quand parut le premier film entièrement joué par des Égyptiens ?

2 Quelle est l'influence du cinéma égyptien sur le monde arabe ?

3 Quelle est la production annuelle de films en Égypte ?

4 Racontez l'évolution du cinéma égyptien.

Les années 1930 à 1950 sont, en Égypte, des années Oum Kalsoum. C'est le nom de la plus grande star que tout le monde arabe ait connue jusqu'à nos jours. Surnommée « l'astre de l'Orient » ou « la cantatrice du peuple », elle a été pour beaucoup dans l'essor du cinéma égyptien, notamment les comédies musicales des années 1930. Quatre millions de personnes étaient présentes à ses obsèques, en 1975. Et aujourd'hui encore, ses chansons restent les plus vendues du monde arabe.

5 Sur la carte des pays arabes de la page 180, placez l'Égypte. Citez cinq villes importantes d'Égypte.

6

L'Égypte existe depuis 3 200 ans avant notre ère. Après avoir été une brillante civilisation pendant l'Antiquité, c'est aujourd'hui l'une des principales puissances du monde arabe.

Comment appelle-t-on les populations originaires d'Égypte ?

4

TABAC

le narguilé

le grand retour

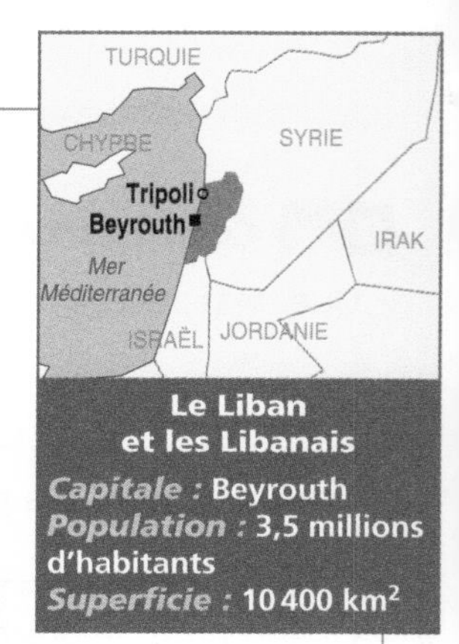

Le Liban et les Libanais

Capitale : Beyrouth
Population : 3,5 millions d'habitants
Superficie : 10 400 km²

Des habitants de Beyrouth en train de fumer le narguilé.

AU LIBAN, les cafés branchés ont remis au goût du jour ***le narguilé***, une sorte de grande pipe qui peut faire penser à une lampe. Quand on observe un narguilé, on est a priori frappé par son réservoir d'eau, que va traverser la fumée avant d'être aspirée par le fumeur.

Comment utilise-t-on un narguilé ? On remplit d'eau son réservoir. Au-dessus, on y dispose du tabac, qui est entouré par du charbon. Le charbon est ensuite chauffé jusqu'à ce qu'il devienne rouge. À partir d'un ou de plusieurs embouts reliés à l'appareillage par un long tuyau, le fumeur aspire la fumée. Celle-ci passe par l'eau, en produisant des bulles. Souvent, le tabac est parfumé, ce qui lui donne un goût particulier.

Fumer le narguilé était certes courant il y a des dizaines d'années au Moyen-Orient, mais cela concernait plutôt les vieux. La jeunesse branchée* de Beyrouth s'est emparée du phénomène, et dans les cafés de la ville, les jeunes gens se réunissent le plus souvent autour d'un narguilé, en échangeant des propos toute une nuit durant. Si bien que les médecins ont décidé de se mobiliser pour rappeler les dangers que courent les fumeurs de narguilé sur le plan sanitaire.

La vie après la guerre

Seuls quelques impacts de balles encore visibles sur certains immeubles de Beyrouth rappellent que, de 1975 à 1990, le pays fut en guerre. Cette guerre a opposé les pays arabes et Israël sur le territoire libanais, et fut doublée d'une guerre civile entre Libanais. Depuis 1990, Beyrouth tente donc de redevenir la belle ville du Moyen-Orient qu'elle a été. Ce sont principalement les jeunes qui animent la ville. Les cafés et les discothèques sont pleins. On sent une jeunesse avide de rattraper le temps perdu, malgré le poids des religions qui reste contraignant.

ACTIVITÉS

1 **Comment fume-t-on le narguilé ?**

2 **Dans quel cadre les jeunes le fument-ils à Beyrouth ?**

Dans la majorité des pays arabes, on fume de plus en plus le narguilé, ou « pipe à eau », ou encore *shisha*, comme on l'appelle ici. On fume entre amis pour passer le temps, le plus souvent en jouant aux dés et en se racontant des histoires. Le narguilé ne se fume pas à la va-vite et, selon ses partisans inconditionnels, le bruit des bulles d'eau traversées par la fumée procure une sensation de détente.

3 **Quelles peuvent être les conséquences de ce regain de consommation du narguilé ?**

4 **La guerre au Liban**

- Combien d'années a-t-elle duré ?
- Qui opposait-elle ?
- Quelles sont les origines de cette guerre ?

5 « Liban » viendrait de *Lubnana*. Un ancien roi de la cité historique de Babylone, située dans l'actuel Irak, aurait écrit ce nom sur un cachet avant de disparaître.

Sur la carte des pays arabes de la page 180, placez le Liban.
Citez deux villes importantes du Liban.

6 **Comment appelle-t-on les populations originaires du Liban ?**

5

MÉDECINE

les moqademas

des voyantes thérapeutes

Le Maroc et les Marocains

Capitale : Rabat
Population : 30,4 millions d'habitants
Superficie : 710 000 km² (458 730 km²)

Les danseurs gnaouis accompagnent les séances de guérison des moqademas.

AU MAROC, il existe une confrérie* appelée les ***gnaouas****, basée principalement dans la ville de Marrakech, qui accorde une importance particulière à des femmes qu'on qualifie de **voyantes* thérapeutes***. Tout en étant musulmans, les gnaouas considèrent le monde comme peuplé d'êtres surnaturels qu'on ne peut pas toucher. Ils appellent ces êtres des ***djouns****, ce qui veut dire littéralement des « génies ». À leurs yeux, ces djouns sont responsables des folies, des paralysies ou même des problèmes de stérilité.

Quand vous êtes **possédé*** par votre djoun, vous allez consulter une ***moqadema****. Elle vous initie* d'abord à la confrérie. Durant toute une nuit, elle invoque tous les génies en chantant des musiques traditionnelles et en se servant d'encens et de foulards. Quand elle parvient au génie du nouvel adepte, celui-ci pénètre au milieu du cercle, danse et entre peu à peu en transe. À un moment, le génie s'échappe du corps de l'adepte, et ce dernier s'écroule brutalement au sol. Après quelques minutes, il reprend ses esprits, parfaitement guéri, selon les gnaouas.

La musique gnaoui

Les rites magico-religieux des gnaouas s'accompagnent de musique. De nombreux adeptes chantent en entremêlant leurs voix, pendant que d'autres se trémoussent et font des acrobaties très spectaculaires. Les instruments de musique invariablement utilisés sont des tambours de grandes dimensions, élégamment ornés. Depuis quelques années, la musique ***gnaoui**** est devenue un véritable folklore de représentation. Elle permet à de nombreux jeunes de gagner leur vie, surtout pendant l'été, la grande période des festivals.

ACTIVITÉS

1 **Qu'est-ce que les gnaouas considèrent comme des djouns ?**

2 **Comment les moqademas soignent-elles les malades ?**

3 **Décrivez la scène de danse sur la photo ci-contre.**

• **Cette danse ressemble-t-elle à une danse de votre région ? Si oui, dites quel est son nom.**

4 **Quels instruments utilise-t-on dans la musique traditionnelle de votre pays ?**

• **Décrivez-les.**

Les instruments de la musique gnaoui ont gardé leur aspect primitif. Si les tambours sont très bien ornés, un autre instrument majeur, le ***guembri****, reste assez archaïque. Il s'agit en fait d'un instrument vieux de plus de sept mille ans. Il se présente sous la forme de cordes (intestins de bouc séchés) disposées sur un tronc d'arbre et il est recouvert d'une peau de chameau. Parmi les tambours, on différencie le tambour ***ganga**** (ou tambour meneur) du tambour ***faradi**** (tambour à rythme unique et invariable).

5 **Sur la carte des pays arabes de la page 180, placez le Maroc.**
Citez cinq villes importantes du Maroc.

6

Le nom « Maroc » serait apparu pour la première fois au milieu du XVIe siècle. Il serait le résultat de la contraction du nom de la ville de *Marrakech*, l'une des plus importantes villes du pays. Le territoire était auparavant appelé *Maghreb el-Aqça*, ce qui veut dire « Maghreb extrême ».

Comment appelle-t-on les populations originaires du Maroc ?

6

PÊCHE

les Imragens

des « hommes du poisson »

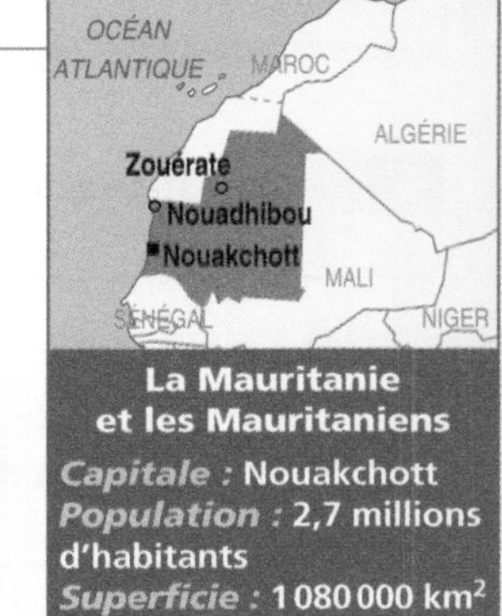

La Mauritanie et les Mauritaniens

Capitale : Nouakchott
Population : 2,7 millions d'habitants
Superficie : 1 080 000 km²

Des pêcheurs imragens récupèrent les poissons jetés hors de l'eau par des dauphins.

EN MAURITANIE, il existe une ethnie* de pêcheurs de légende, établie sur la côte, qu'on appelle les ***Imragens****. Il s'agit en fait de descendants d'esclaves qui n'ont jamais voulu se mélanger aux autres ethnies. Ils vivent en circuit fermé, ne sortant de leurs villages que pour pêcher et échanger le produit de leur pêche avec des populations plus urbanisées.

Leur technique de pêche est originale : elle se fait avec l'aide des dauphins. Depuis la plage, ils observent la mer pour repérer le passage des poissons, notamment le mulet dont ils raffolent. Dès qu'ils aperçoivent ces poissons, deux hommes se jettent dans l'eau et en frappent la surface à l'aide de grands coups de bâton. Les dauphins, nombreux dans cette région, les croient en danger et viennent, en rangs serrés, déposer sur la côte tout ce qu'ils trouvent. Les poissons ainsi échoués sur la plage n'échappent pas à leurs bourreaux imramgens, dont l'effort à ce moment ne consistera plus qu'à les ramasser et à les jeter dans leurs filets.

Le développement de la pêche industrielle, qui a entraîné la diminution des poissons sur les côtes de cette région, rend de moins en moins opérationnelle la technique de pêche des Imragens. Mais ces derniers restent une grande attraction pour les touristes, qui se délectent de leur inventivité.

Sauver le banc d'Arguin

Sur les côtes mauritaniennes s'étend le **banc d'Arguin**, un espace où se concentre une des plus importantes faunes maritimes du monde. On y trouve une très grande variété d'espèces d'oiseaux et de poissons.

Pour protéger cette faune, les organisations internationales ont de plus en plus recours aux Imragens, qui ont toujours vécu en symbiose avec leur milieu naturel. Depuis toujours, ils connaissent les espèces de poissons qu'ils peuvent pêcher – de même que la meilleure période de pêche. C'est pourquoi, tout au long des siècles, ils n'ont jamais perturbé ce milieu naturel.

ACTIVITÉS

1 Connaissance des Imragens

- De qui sont-ils les descendants ?

- Comment vivent-ils ?

2 Racontez une séance de pêche chez les Imragens.

3 Que trouve-t-on sur le banc d'Arguin ?

4 Pensez-vous que le rôle des Imragens peut être déterminant dans la protection du banc d'Arguin ?

5 Sur la carte des pays arabes de la page 180, placez la Mauritanie.
Citez deux villes importantes de Mauritanie.

6

« Mauritanie » veut dire « pays des Maures », les Maures étant en fait des Berbères qu'on appelle généralement les « Blancs » de Mauritanie. Car la particularité de ce pays est qu'on y trouve des Arabo-Berbères et des Noirs.

Comment appelle-t-on les populations originaires de Mauritanie ?

7

RÉPARTITION DE L'EAU

le Jourdain

un fleuve pour quatre

La Syrie et les Syriens
Capitale : Damas
Population : 16,6 millions d'habitants
Superficie : 186 180 km²

LA SYRIE est au centre de la crise de l'eau, que beaucoup d'experts du Moyen-Orient annoncent pour les vingt-cinq prochaines années. En effet, cette région étant très aride, quatre pays – la Syrie, le Liban, la Jordanie et Israël – se disputent le contrôle du Jourdain, un fleuve de 360 kilomètres qui leur fournit une grande partie de l'eau qu'ils consomment. De ce fait, ceux qui contrôlent le Jourdain pourraient contrôler l'avenir de la région.

Théoriquement, c'est la Syrie qui a le beau rôle, car les deux principales sources du fleuve sont situées dans ce pays. Il s'agit du cours d'eau appelé Yarmouk et du plateau du Golan. Mais lors de la guerre de Six Jours*, qui a opposé Israël aux pays arabes, Israël a annexé une partie du plateau du Golan : officiellement, pour garantir sa sécurité ; mais aussi, officieusement, pour éviter que la Syrie ne détourne les sources du Jourdain vers d'autres cours d'eau.

Depuis, toutes les discussions relatives aux accords de paix dans la région mentionnent cette question de l'eau. La Syrie a donc une place de choix au cours de ces négociations.

L'eau dans le monde

Il y a cinquante ans, l'approvisionnement en eau ne posait pas de problèmes dans le monde. Mais aujourd'hui, on estime à 35 % le pourcentage de la population mondiale qui vit avec très peu de réserves d'eau. En 2025, les deux tiers de la population mondiale seront dans cette situation. Les pays du Moyen-Orient et de l'Afrique du Nord verront leurs ressources en eau, déjà modestes actuellement, divisées par huit. Mais l'Amérique du Nord, l'Europe, l'Afrique centrale et l'Océanie, qui disposent de réserves importantes, seront épargnées par cette crise.

Outre la région arabe, les pays d'Afrique du Nord et de l'Ouest voient leurs réserves en eau s'épuiser dangereusement. Il y pleut très rarement et les cours d'eau importants tels que le Nil, le Niger ou le fleuve Sénégal ne cessent de s'assécher.

Chacun des pays de la région essaie de contrôler le fleuve Jourdain.

ACTIVITÉS

1 **Quels sont les pays riverains du fleuve Jourdain ?**

2 Dans les conflits qui secouent depuis plusieurs décennies la région du Proche-Orient, la Syrie est, avec l'Égypte, un des acteurs essentiels. Cela lui vaut d'être associée à toutes les négociations de paix et de peser de tout son poids militaire au sein des pays arabes, lorsqu'il faut avoir une position offensive.

En quoi la position de la Syrie est-elle stratégique pour le contrôle de ce fleuve ?

3 **Quelle sera la situation de l'eau dans le monde en 2025 ?**

4 **Selon vous, pourquoi l'eau peut-elle représenter demain une source de conflits ?**

5 **Sur la carte des pays arabes de la page 180, placez la Syrie.**
Citez deux villes importantes de Syrie.

6 L'actuelle Syrie est une partie d'un vaste territoire qui, plus de trois mille ans avant Jésus-Christ, s'étendait de l'actuel Proche-Orient à une partie de l'Iran, en passant par la côte méditerranéenne et l'Égypte. On appelait ce territoire l'Empire assyrien, qui est à l'origine d'une très riche civilisation et d'une langue ancienne, l'assyrien.

Comment appelle-t-on les populations originaires de Syrie ?

8

PARITÉ

des femmes
libres et indépendantes

Mer Méditerranée
Tunis
Carthage
MAROC
ALGÉRIE
LIBYE

La Tunisie et les Tunisiens
Capitale : Tunis
Population : 9,6 millions d'habitants
Superficie : 163 610 km²

Moderne ou traditionnelle ? En Tunisie, les femmes décident librement de l'orientation qu'elles souhaitent donner à leur vie.

EN TUNISIE, le principe de l'égalité entre hommes et femmes est expressément garanti par les textes constitutionnels. La répudiation*, la polygamie* et toute discrimination sexiste sont interdites. Les femmes ont accès à la contraception et au divorce. Les pensions alimentaires sont assurées par un fonds de garantie, mis sur pied par l'État. À l'école et à l'université, on trouve un nombre égal de filles et de garçons. 40 % des médecins exerçant dans le pays sont des femmes. Elles sont également nombreuses à être femmes d'affaires, avocates, etc.

Selon certains historiens, la Tunisie semblait prédestinée à jouer un rôle de locomotive en matière d'émancipation de la femme dans le monde arabe. Ils rappellent que depuis la période de l'Empire carthaginois* (de 814 à 146 avant Jésus-Christ), les femmes jouaient déjà un rôle important dans le fonctionnement de la cité. C'est donc en continuité avec cette vieille tradition que le premier président du pays après l'indépendance, Habib Bourguiba, a œuvré pour donner ce statut libéral aux femmes.

L'homme qui voulait « libéraliser » l'islam

Habib Bourguiba, le premier président de Tunisie, ne s'était pas limité à accorder les mêmes droits aux hommes et aux femmes. Il a aussi voulu que les travailleurs déjeunent à midi, pendant les périodes du ramadan*. Il soutenait que cette pratique réduisait leur capacité de travail et freinait le rendement de l'économie tunisienne. Mais il a été obligé de reculer sur cette question, suite au tollé que cela a suscité chez les ***oulémas****, les docteurs de la loi islamique. Car l'observation stricte du ramadan est un des fondements de la religion musulmane.

ACTIVITÉS

1 **Citez quatre faits illustrant l'égalité entre hommes et femmes, qui est inscrite dans la Constitution tunisienne.**

2 **Quel commentaire font certains historiens de la situation des femmes en Tunisie ?**

3 **Habib Bourguiba, le premier président de la Tunisie indépendante, a inscrit cette égalité hommes-femmes dans la Constitution tunisienne. Quoi d'autre a-t-il essayé de faire dans son pays ?**

4

En 1995, des femmes du monde entier se sont réunies à Beijing, en Chine, lors d'un important sommet. Des propositions ont été faites pour qu'elles soient beaucoup plus associées à la gestion des pays. Mais cinq ans après, en 2000, lors d'un premier bilan, on s'est rendu compte que les choses n'avaient pas beaucoup évolué. Il n'y avait qu'en Suède que les femmes étaient vraiment représentées au sein des centres de décision : 55 % des ministres étaient, à cette période, des femmes. Dans le reste du monde, sur un total de 40 256 parlementaires, seulement 5 260 étaient des femmes.

Selon vous, pourquoi les femmes sont-elles aussi peu représentées dans les instances de décision ?

5 **Si vous étiez candidat(e) à une élection, quelle serait votre politique de la famille ?**

6 **Sur la carte des pays arabes de la page 180, placez la Tunisie.**
Citez deux villes importantes de Tunisie.

7 **Comment appelle-t-on les populations originaires de Tunisie ?**

La Tunisie a été le lieu d'une grande civilisation, de 814 à 146 avant Jésus-Christ. À l'époque, elle s'appelait l'Empire carthaginois, dont la capitale Carthage fut détruite par les Romains parce qu'elle leur portait ombrage.

L'ASIE DU SUD-EST

Cambodge, Laos, Vietnam

Maisons flottantes en bambou sur le fleuve Mékong, au Vietnam.

GÉOGRAPHIE

Les trois pays francophones de l'Asie du Sud-Est ont pour voisins la Thaïlande à l'ouest, la Chine au nord et, à l'est, ils sont ouverts sur l'océan Pacifique. Cette zone est la plus peuplée du monde – quand on y ajoute la Chine et l'Inde. Cela est dû à l'abondance du riz pendant plusieurs siècles, ce qui a permis d'éviter les famines.

Le paysage du Sud-Est asiatique est constitué de collines et de montagnes, et selon la saison le climat y est sec ou humide. On parle d'un climat tropical fortement influencé par les cycles des **moussons**, ces vents réguliers qui, pendant six mois, soufflent des mers vers le continent et, pendant six autres mois, du continent vers les mers.

Les saisons des pluies alternent avec les saisons sèches, avec des périodes fraîches en décembre et janvier, où la température descend entre 10 et 12° C. Hormis ces périodes de grande fraîcheur, la température moyenne varie entre 20 et 27° C.

HISTOIRE

Si le Vietnam possède une histoire ancienne bien connue, l'histoire des deux autres pays est moins étudiée. 2 000 ans avant Jésus-Christ, des royaumes se succédaient déjà dans l'actuel Vietnam. Mais ce n'est qu'au IIIe siècle de notre ère que la nation vietnamienne est véritablement fondée. De nombreuses dynasties vont se succéder pendant des siècles, jusqu'à celle des Nguyen, en 1802. **Les Nguyen** réunifieront le pays et lui donneront le nom de Vietnam.

À partir du milieu du XIXe siècle, la France s'emparera de ces territoires, qu'elle administrera comme des colonies* malgré une résistance intérieure très vive. Juste après la Deuxième Guerre mondiale, ces résistances vont déboucher sur **la guerre d'Indochine**, qui poussera la France à négocier et, finalement, à accorder l'indépendance à ces pays en 1954.

Le fleuve Mékong

Comme le Nil pour l'Égypte, **le Mékong** est d'une très grande importance pour les pays d'Asie du Sud-Est. Long de 4200 kilomètres, il prend sa source dans les plateaux tibétains et serpente dans la plupart des pays de la région. Durant les longues périodes de guerre et de repli de ces pays sur eux-mêmes, le Mékong a pu fournir aux habitants les modestes ressources alimentaires nécessaires. Depuis les années 1980, le Vietnam, qui concentre essentiellement son agriculture sur le delta du Mékong, a presque triplé sa production de riz. Barrages d'irrigation et barrages hydroélectriques sont de plus en plus nombreux sur le fleuve, ce qui pourrait créer à terme un encombrement de son cours.

ACTIVITÉS

1 Quelles sont les pays limitrophes des pays francophones d'Asie du Sud-Est ?

2 Pays francophones d'Asie du Sud-Est

• Décrivez leur relief.

• Quel est leur climat ?

• Quelles sont leurs températures ?

3 Le fleuve Mékong

• Quelle est sa longueur ?

• Où prend-il sa source ?

• Quel est son intérêt pour les agriculteurs ?

• Quelles conséquences pourrait entraîner son exploitation anarchique ?

4 Que représentent les Nguyen dans l'histoire des dynasties vietnamiennes ?

5 La colonisation française

• Vers quelle période débute-t-elle ?

• Quand prend-elle fin ?

Rizières au Vietnam, l'un des principaux producteurs mondiaux de riz.

POLITIQUE

Le 8 mai 1954, lors de négociations à Genève, en Suisse, entre des représentants de la France, des États-Unis, du Royaume-Uni, de l'Union soviétique et de la Chine populaire d'une part, et ceux du Nord du Vietnam, du Sud du Vietnam, du Laos et du Cambodge, d'autre part, ces colonies* françaises obtiennent leur indépendance. Influencées par la Chine et l'Union soviétique, la plupart des nouvelles nations indépendantes deviennent des pays communistes. Le Sud du Vietnam, capitaliste, s'oppose à son union programmée avec le Nord lors des accords d'indépendance. Cela conduira à la **guerre du Vietnam**.

Au sortir de cette guerre gagnée par le Nord, le Vietnam réunifié, le Laos et le Cambodge sont communistes. Par la suite, le Cambodge sera déchiré par une violente guerre civile, qui fera plus de deux millions de morts.

Depuis, la paix est revenue dans tous ces pays : le Vietnam et le Laos sont des républiques socialistes et le Cambodge est une monarchie parlementaire.

ÉCONOMIE

L'économie de la région est essentiellement agricole, avec pour base la culture et l'exportation du riz. Le Vietnam produit aussi certaines cultures de rente, comme l'hévéa ou le café. Plus du tiers de sa population vit directement des ressources de l'agriculture. Ces pays disposent aussi de quelques minerais dans leur sous-sol et des gisements de pétrole offshore y ont été découverts. Mais ce qui est frappant chez ces peuples, c'est leur dynamisme, qui s'illustre par leur attrait pour le commerce. C'est d'ailleurs une des grandes caractéristiques des populations de l'Asie du Sud-Est.

La guerre du Vietnam

La guerre du Vietnam a duré de 1965 à 1975. À l'origine, elle oppose le Vietnam du Nord au Vietnam du Sud. Le Sud-Vietnam, qui s'appuie sur une importante bourgeoisie locale, est ouvert au capitalisme, contrairement au Nord. Les États-Unis, qui craignent que le pays tout entier ne bascule vers le communisme, protègent le Sud. À la suite du bombardement par le Nord de navires américains stationnés dans la région, le président américain donne le feu vert à l'opération *Rolling Thunder*, qui verra débarquer plus de 500 000 Américains sur la zone des combats. Les troupes du Nord du Vietnam, conduites par le célèbre **Hô Chi Minh**, se montrent plus résistantes que prévu. Le 30 avril 1975, elles réussissent même à prendre la ville de Saigon, la capitale du Sud. Cette guerre aurait causé la mort de plus de 55 000 Américains et près d'un million de Vietnamiens (du Sud et du Nord). Les États-Unis ont dépensé plus de 300 milliards de dollars. La guerre du Vietnam reste jusqu'à aujourd'hui l'échec le plus cuisant de l'armée américaine hors de ses frontières.

ACTIVITÉS

1 Que rappelle la date du 8 mai 1954 aux populations des pays francophones d'Asie du Sud-Est ?

2 Quel système politique domine dans ces différents pays ?

- Au Cambodge :
- Au Laos :
- Au Vietnam :

3 Connaissance de la guerre du Vietnam

- Quelles sont ses causes ?
- Quels sont les différents protagonistes ?

4 Quelles furent les conséquences de la guerre du Vietnam pour les Américains et les Vietnamiens ?

5 Quelle est la base de l'économie de l'Asie du Sud-Est ?

6 Quelles cultures de rente trouve-t-on au Vietnam ?

7 Citez quelques ressources du sous-sol de l'Asie du Sud-Est.

La citadelle de l'ancienne cité royale de Hué, au Vietnam.

LANGUES

Au Vietnam, on parle le vietnamien, au Laos, le *lao*, et au Cambodge, le *khmer**. Toutes ces langues sont dites d'origine **austro-indonésienne***. Contrairement au lao et au khmer, qui sont restés autant que possible des langues « pures », le vietnamien a subi une importante influence de la langue chinoise. Les mots d'origine chinoise constituent 70 à 80 % du vocabulaire de la langue vietnamienne.

RELIGIONS

La religion dominante en Asie du Sud-Est est le **bouddhisme**. Il s'agit d'une religion sans dieu ni dogme. C'est-à-dire que sa doctrine n'est pas révélée par un dieu à son prophète*, mais elle est enseignée par des sages qui, au fil de leur vie et à travers certaines expériences, ont compris ce qu'ils appellent « la vérité de la vie ». Le bouddhisme a été fondé en Inde par Sidharta Gautama, qui est devenu Bouddha (« l'éveillé ») après une expérience particulière de la vie.

Le Laos et le Cambodge sont essentiellement bouddhistes. Leur bouddhisme est directement influencé par l'Inde, tandis que le bouddhisme au Vietnam est influencé par la Chine. Au Vietnam, on trouve aussi une importante minorité chrétienne (catholiques et protestants).

■ Nguyen, un nom refuge

Les noms les plus fréquents au Vietnam sont Nguyen, Tran, Le, Pham, Do, Vu et Hoang. Près de 40 % de la population s'appellent Nguyen. Ce nom est en réalité un refuge. Dans le passé, les rois vietnamiens étaient très répressifs. Ils pouvaient par exemple décider la mort d'un grand criminel et de tous ceux qui portaient son nom. En donnant à leurs enfants le nom de Nguyen, qui était donc celui de la famille royale, on courait moins ce risque.

Les Vietnamiens d'aujourd'hui ont de plus en plus tendance à donner des noms de fleurs pour les filles, ou évoquant des caractères virils pour les garçons.

ACTIVITÉS

1 **Quelles sont les langues parlées dans les pays francophones d'Asie du Sud-Est ?**

2 **Pourquoi de nombreux Vietnamiens portent-ils le nom de Nguyen ?**

3 **Quels types de noms les Vietnamiens donnent-ils de plus en plus aujourd'hui à leurs enfants ?**

4

Sur le plan culturel, les Vietnamiens ont subi beaucoup d'influences. D'abord, celle des Chinois puis, plus tard, celles de la France et des États-Unis. Mais les Laotiens et les Cambodgiens sont beaucoup plus conservateurs. Par exemple, ils aiment beaucoup se parer de leurs tenues traditionnelles, alors que la majorité des Vietnamiens ont adopté le mode vestimentaire occidental.

Citez quelques modes culturelles qui, selon vous, viennent de l'étranger et ont été adoptées par les populations de votre pays.

5 **Quelle est la religion dominante en Asie du Sud-Est ?**

6 **Quelles sont les religions minoritaires qu'on retrouve au Vietnam ?**

7 **Connaissance du bouddhisme**

- Qui l'a inventé ?
- Quelle est sa doctrine ?

HOMMES DE LETTRES

Pham Duy, le poète musicien

Pham Duy, né en 1921 dans une famille de lettrés vietnamiens, passe pour être l'un des plus grands poètes francophones de l'Asie du Sud-Est ; beaucoup de ses poèmes ont été mis en musique. D'ailleurs, dans cet autre art, Pham Duy est quasiment un dieu vivant dans son pays. Mais il dut s'exiler pendant de longues années pour des motifs politiques, et 90 % des chansons vietnamiennes produites à l'étranger étaient des adaptations des poèmes de Pham Duy. Tous les chanteurs vietnamiens ont au moins une chanson de Pham Duy dans leur répertoire. En 2000, après vingt-cinq ans d'exil, il a été autorisé à revenir au Vietnam pour revoir sa famille.

Kim Lefêvre, la métisse blanche

Kim Lefêvre, née en 1935 au Vietnam, s'est imposée dans la littérature francophone à travers son roman *Métisse blanche* (1989). Dans cet ouvrage, elle raconte ses vingt-cinq premières années, qu'elle a passées au Vietnam. Elle parle des trois difficultés qu'elle doit surmonter dans cette société de tabous : fille, bâtarde et métisse. En 1995, elle publiera *Retour à la saison des pluies*, dans lequel elle évoque son retour au Vietnam, après trente ans passés en Occident.

Quelques écrivains francophones d'Asie du Sud-Est

D'autres écrivains ont contribué, ou contribuent, à faire vivre la langue française dans l'Asie du Sud-Est. Au Cambodge, le prince Areno Lukanthor ou la romancière Makhâli Phâl sont parmi les plus connus. Au Vietnam, qui apparaît comme le principal vivier littéraire de la région, on peut citer Pham-Duy Kiêm connu pour son roman intitulé *De Hanoï à La Courtine* (1941) ou Pham Van Ky dont le roman *Prendre la demeure* (1961) a été un grand succès en librairie.

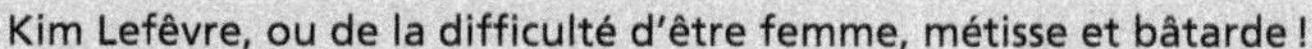

Kim Lefêvre, ou de la difficulté d'être femme, métisse et bâtarde !

ACTIVITÉS

1 **Citez deux raisons qui montrent que Pham Duy est une très grande star au Vietnam.**

2

Il pleut sur les feuilles
Les pas murmurés
Bouddha veut panser
Le monde blessé
Il pleut sur les feuilles
Jésus sur sa croix
Je sais bien pourquoi
Pour l'amour, la foi...

Poème chanté par Pham Duy et, par la suite, adapté par de nombreux musiciens vietnamiens

Pham Duy est considéré comme un poète prônant la tolérance entre les peuples de culture et de religion différentes. Dites en quoi les valeurs de la tolérance se retrouvent dans le poème ci-contre.

3 **Quel est le titre du premier roman de Kim Lefèvre ?**

4 **De quoi traite-t-elle dans ce roman ?**

5 **Quelles sont les influences anciennes de la langue vietnamienne ?**

6 **Comment appelle-t-on l'écriture officielle de la langue vietnamienne ?**

La littérature vietnamienne a été, dans ses débuts, grandement influencée par la littérature chinoise. Aux alentours du xe siècle, elle s'exprime avec des caractères chinois. Plus tard, par le truchement du bouddhisme, on y décélera aussi une influence indienne. Mais vers le xviie siècle, des missionnaires occidentaux ont utilisé l'alphabet latin pour transcrire la langue vietnamienne. Cela a donné naissance au *quoc ngu*, qui est aujourd'hui l'écriture officielle du Vietnam.

7 **Citez quelques écrivains francophones d'Asie du Sud-Est, leurs principaux romans ainsi que la date de parution.**

1

CROYANCES

petit véhicule
la fidélité à Bouddha

THAÏLANDE
LAOS
VIETNAM
Battambang
Phnom Penh
Golfe de Thaïlande

Le Cambodge et les Cambodgiens
Capitale : Phnom Penh
Population : 13,4 millions d'habitants
Superficie : 181 050 km²

AU CAMBODGE, on est attaché à une forme de bouddhisme qu'on considère comme pur. Il s'agit du bouddhisme dit du **petit véhicule***, venu tout droit de l'Inde, le berceau de cette religion. On l'appelle également ***theravadin****, ***hinayana**** ou **voie étroite***. Selon ses adeptes, il représente la fidélité aux enseignements de Bouddha. Le petit véhicule est une doctrine parfaitement athée : pas de dieu, pas de saints, pas de paradis ni d'enfer.

Le petit véhicule s'oppose au **grand véhicule*** ou ***mahayana****, qui fait de Bouddha un quasi-dieu, et ajoute à ses enseignements une doctrine magique et symbolique. Il est principalement pratiqué en Chine et au Vietnam.

Depuis le XVIe siècle, les Cambodgiens pratiquent le bouddhisme du petit véhicule, même s'ils y ajoutent une petite dose de superstition*. Ils restent par exemple très attachés au culte des ***neak ta****, qui sont des espèces de génies censés protéger leur lieu d'habitation.

Moines bouddhistes à Angkor, au Cambodge.

Superstition et religion

La superstition n'est pas reconnue par les hiérarchies religieuses d'Asie du Sud-Est. Mais dans la pratique, elle reste très importante. Au Cambodge par exemple, voici quelques superstitions courantes :

• *Rapport avec les animaux :* une chienne qui met bas dans une maison porte malheur*.

• *Amour :* il ne faut pas marier une fille et un garçon ayant le même âge, car tous les deux ont les mêmes signes zodiacaux. Il peut donc aussi bien y avoir un double bonheur qu'un double malheur, c'est pourquoi il faut éviter tout risque.

• *Maison :* le nombre de marches d'escalier des maisons doit toujours être impair ; sinon, la maison risquerait d'être hantée*.

• *Interdits :* il ne faut jamais planter un bananier près de sa fenêtre. Car ses feuilles peuvent permettre aux fantômes malintentionnés d'entrer dans la maison.

ACTIVITÉS

1 **Qu'est-ce qui différencie le bouddhisme du petit véhicule de celui du grand véhicule ?**

2

La doctrine du bouddhisme du petit véhicule insiste sur trois aspects : le ***dukkha****, qui signifie souffrance, insatisfaction ou mort; l'***anicca****, qui veut dire que toute chose a un caractère éphémère; et l'***anatta****, qui veut dire que toute réalité change, de même que toute âme évolue. Par exemple, si on n'a pas compris l'anicca, on peut sombrer dans le dukkha.

Le bouddhisme du petit véhicule est-il rigoureusement appliqué par les Cambodgiens ?

3 **Qu'est-ce que le *neak ta* ?**

4 **Selon vous, quelle est la différence fondamentale entre les religions révélées (christianisme, islam et judaïsme) et le bouddhisme ?**

5 **Citez quelques croyances auxquelles sont attachés les Cambodgiens.**

6 **Sur la carte d'Asie du Sud-Est de la page 180, placez le Cambodge.**
Citez deux villes importantes du Cambodge.

7 **Comment appelle-t-on les populations originaires du Cambodge ?**

« Cambodge » est une transformation française du nom khmer* *Kampuchéa*, qui veut dite « la nation des Kâm »; les Kâm étaient considérés comme les ancêtres des habitants du Cambodge.

2

MYTHOLOGIE

l'éléphant
meilleur ami des hommes

Le Laos et les Laotiens
Capitale : Ventiane
Population : 5,4 millions d'habitants
Superficie : 236 800 km²

AU LAOS, l'éléphant est l'animal le plus proche de l'homme. Dans la mythologie du pays, les éléphants sont considérés comme des êtres célestes tombés sur terre. Mais parmi les éléphants, ceux qui ont la couleur blanche à leur naissance sont les plus choyés. Car, selon les croyances lao, ils ont acquis le symbole de Bouddha.

Objets de culte et de vénération, les éléphants blancs sont aussi des gages de prospérité et de rayonnement. Dans la société ancienne, tout vassal qui en possédait un devait absolument l'offrir au roi, et les pays voisins sont plusieurs fois entrés en guerre pour s'arracher les éléphants blancs disponibles.

Si l'éléphant blanc reste mythique, les éléphants pourvus d'autres couleurs sont d'une grande utilité dans la société laotienne. Les ancêtres lao leur faisaient piétiner la terre pour la labourer* ; et grâce à leur force, ils constituaient un important moyen de transport du bois. De même, dès qu'ils étaient domptés, ils savaient aider les hommes à capturer les autres éléphants encore sauvages. Et, en temps de guerre, cuirassés* et armés, ils constituaient la cavalerie lourde de l'armée. Aujourd'hui, l'éléphant reste l'animal domestique le plus proche de l'homme, et le Laos n'a jamais aussi bien porté son nom, qui, en langue lao, veut dire « **le million d'éléphants** ».

Les éléphants dans le monde

On ne trouve des éléphants qu'en Afrique et en Asie. En Afrique, ils sont principalement dans les parcs (Afrique australe, Kenya, Tanzanie, Cameroun, Côte d'Ivoire, etc.) ou dans les savanes. Dans les pays d'Asie du Sud-Est, ils sont considérés comme des animaux domestiques, qu'on peut voir sur toutes les places publiques.

L'éléphant se distingue par sa masse physique imposante, sa trompe qui est à la fois un organe respiratoire et un outil de préhension, et ses gigantesques oreilles, qui ressemblent à des ailes.

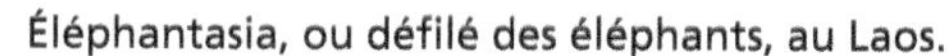

Éléphantasia, ou défilé des éléphants, au Laos.

ACTIVITÉS

1 **Que représentent les éléphants dans la mythologie laotienne ?**

2 **Pourquoi les éléphants blancs sont-ils encore plus choyés ?**

Au Laos, lors des principales fêtes, on procède à de gigantesques défilés d'éléphants vêtus de parures. Le défilé se déroule au son des musiques traditionnelles. Vers le milieu du mois de mai, qui marque le nouvel an lunaire, ces défilés ont lieu dans l'ancienne capitale du pays, Luang Prabang.

3 **À quoi les éléphants ont-ils servi au Laos pendant plusieurs générations ?**

4 **Où trouve-t-on des éléphants dans le monde ?**

5 **À partir de la photo et du texte, décrivez un éléphant.**

6 **Sur la carte d'Asie du Sud-Est de la page 180, placez le Laos.**
Citez deux villes importantes du Laos.

7 **Comment appelle-t-on les populations originaires du Laos ?**

Le Laos ou Lans Xang, ou encore « royaume du million d'éléphants », a été fondé au XIVe siècle par Fa Ngum, qui reste jusqu'à nos jours un des grands symboles du pays.

3

FÊTES

le nouvel an lunaire

jour de retrouvailles

Le Vietnam et les Vietnamiens

Capitale : Hanoi
Population : 79,1 millions habitants
Superficie : 335 000 km²

Nouvel an tout en couleurs au Vietnam ! Après la visite des pagodes, on fait aussi de plus en plus la fête dans les rues.

AU VIETNAM, comme dans la plupart des pays d'Asie du Sud-Est, on célèbre avec faste le nouvel an lunaire. On y regroupe toute la famille ; on rend visite aux proches et aux amis ; on présente des offrandes aux ancêtres, chez soi, et aux dieux, dans les pagodes ou les temples ; on va s'amuser dans les nombreux festivals populaires organisés à travers les villes. Jadis, les festivités duraient tout un mois. Mais aujourd'hui, elles ne durent plus que sept jours, sinon cela paralyserait toute l'activité du pays. C'est le premier jour qui est le plus important. À partir de ce jour-là, il ne faut surtout pas enlever les ordures, que l'on entasse dans un coin pendant trois jours. Cela provient d'une légende : un commerçant, qui se fit offrir une concubine par le génie des eaux, devint très riche. Mais le jour de l'an, il la battit. Elle se cacha derrière un tas d'ordures et disparut. Alors, le commerçant redevint pauvre.

Le nouvel an vietnamien, comme celui des autres pays asiatiques, n'est pas immuable. Théoriquement, il est réglé sur le calendrier bouddhiste. Mais dans la pratique, il peut subir des dérogations, si les « signes du ciel » ne sont pas favorables. Chaque année est incarnée par un animal. Il y en a douze, qui se succèdent selon un cycle de douze ans : le rat, le buffle, le tigre, le chat, le dragon, le serpent, le cheval, la chèvre, le singe, le coq, le chien et le cochon. Tous les douze ans, un nouveau cycle recommence. Chaque année comporte douze mois, alternativement constitués de vingt-neuf jours (année mâle) ou trente jours (année femelle).

Plusieurs « nouvel an »

Les pays d'Asie du Sud-Est fixent chacun la date de leur nouvel an. Au Vietnam, il se situe aux alentours du mois de février, alors qu'au Cambodge, il a le plus souvent lieu vers avril. Dans certains cas extrêmes, on peut fêter deux fois le nouvel an. En 1945 par exemple, le nouvel an vietnamien a été fêté d'abord à la date traditionnelle, puis une deuxième fois, pour marquer l'invasion du pays par les Japonais. Aujourd'hui, pour des raisons de commodité, les pays asiatiques utilisent de plus en plus le calendrier chrétien, mais ils veillent cependant à ce que les fêtes traditionnelles soient fixées sur le calendrier lunaire.

ACTIVITÉS

1 **Que fait-on pendant la fête du nouvel an lunaire au Vietnam ?**

2 **Combien de temps durent les festivités du nouvel an ?**

3 **Pourquoi le premier jour est-il important ?**

4 **Quels sont les animaux qui représentent les années vietnamiennes ?**

• Attribuez à chaque animal une qualité et un défaut :

5 **Le passage à une nouvelle année lunaire reste-t-il rigoureusement appliqué en Asie du Sud-Est ?**

6 **Sur la carte d'Asie du Sud-Est de la page 180, placez le Vietnam.**
Citez deux villes importantes du Vietnam.

7 **Comment appelle-t-on les populations originaires du Vietnam ?**

Le Vietnam désigne le pays des *Viêt*. La syllabe *Nam*, qui veut dire « sud », n'a été accolée à « Viet » que très tardivement.

L'OCÉAN PACIFIQUE

Nouvelle-Calédonie, Polynésie française, Vanuatu, Wallis et Futuna

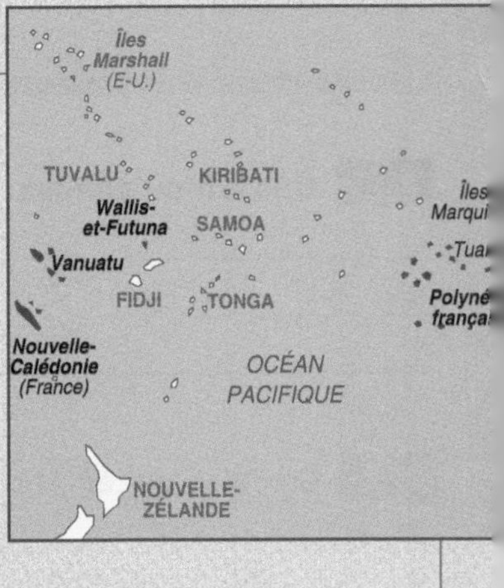

Les îles du Pacifique offrent un paysage de rêve.

GÉOGRAPHIE

La zone Pacifique de la francophonie représente un ensemble d'îles éparpillées sur l'océan Pacifique. Ces petites îles sont entourées de grands archipels comme la Nouvelle-Zélande et la Papouasie-Nouvelle-Guinée, et par l'Australie.

La plupart de ces îles présentent des sols d'origine volcanique, aux reliefs très accidentés. Le climat est équatorial ou tropical humide; et dans certains territoires comme la Nouvelle-Calédonie, il est dominé par des vents ***alizés***. Les précipitations sont nombreuses et, à l'intérieur des terres, la forêt est parfois très dense.

HISTOIRE

Les premiers habitants des territoires de l'océan Pacifique seraient arrivés d'Asie du Sud-Est il y a plus de trois mille ans. Leur découverte par les explorateurs européens (notamment les Anglais Samuel Wallis, pour Wallis-et-Futuna, et James Cook, pour la Nouvelle-Calédonie) date du XVIIIe siècle. À partir de ce moment, de nombreux Européens s'y installeront pour exploiter les immenses ressources dont disposent ces territoires. Cela entraînera des grandes rivalités entre Français, Anglais et Hollandais, auxquels se joindront plus tard les Australiens.

Le Vanuatu connaîtra une double colonisation : celle de la France puis de l'Angleterre, ce qui en fait aujourd'hui un pays bilingue. La Nouvelle-Calédonie, Wallis-et-Futuna et une partie de la Polynésie seront, eux, sous la seule domination française.

Les alizés

Ce sont des vents modérés (20 à 30 km/h) qui soufflent dans les zones intertropicales (situées entre les tropiques). Ces vents sont appelés **« vents permanents »**, parce que durant toute l'année, ils soufflent toujours de l'est vers l'ouest. Dans l'hémisphère Nord (océan Pacifique), ils soufflent du nord-est vers le sud-ouest; et dans l'hémisphère Sud (océan Atlantique), du sud-est vers le nord-ouest, en engendrant de fortes pluies.

ACTIVITÉS

1 **Quels sont les pays qui entourent les îles francophones de l'océan Pacifique ?**

2

Le Lopevi est l'un des volcans les plus actifs du Vanuatu. Il mesure 6 kilomètres de diamètre et atteint 1 413 mètres d'altitude. Quand il entre en éruption, il crache du feu et on aperçoit d'importantes coulées de lave. Depuis 1960, ce volcan est presque en permanence en activité. Cette année-là, le 10 juillet, on entendit une très forte explosion. D'importantes laves se mirent à couler à toute vitesse, allant se jeter dans la mer. Elles tuèrent le bétail et détruisirent la végétation, mais le village fut épargné. Les actuelles coulées de lave ne sont plus très dangereuses et font l'attraction des touristes.

Quels sont le relief et le climat de ces îles ?

3 **Les alizés ou vents alizés**

- Définissez les vents alizés.

- Pourquoi les appelle-t-on « vents permanents » ?

4 **Dans quelle direction soufflent les vents alizés :**

- dans l'hémisphère Nord ?

- dans l'hémisphère Sud ?

5 **Vers quelle période a débuté le peuplement du Pacifique ?**

- **Quand les premiers Européens sont-ils arrivés ?**

6 **Quelles furent les puissances colonisatrices rivales dans cette partie du monde ?**

Sur les marchés de Nouvelle-Calédonie, on trouve beaucoup de vivres.

POLITIQUE

Les territoires francophones de l'océan Pacifique ont différents statuts politiques :

- Le Vanuatu est un État **indépendant**.
- La Nouvelle-Calédonie, la Polynésie française et Wallis-et-Futuna sont des **territoires français d'outre-mer (TOM)**, avec des degrés d'autonomie différents.

Après son indépendance en 1980, le Vanuatu a été secoué par une crise politique entre anglophones et francophones, qui est aujourd'hui réglée. Le pays est une république, qui chaque jour davantage tend à renforcer le fonctionnement démocratique de ses institutions.

Quelques groupes indépendantistes subsistent en Nouvelle-Calédonie, en Polynésie française et à Wallis-et-Futuna. La France en est consciente, même si les revendications de ces groupes ne sont pas majoritaires. Il a été voté pour ces territoires des statuts qui leur permettent d'accéder à l'indépendance si la majorité de la population le souhaite.

Le nucléaire

La Polynésie française a été pendant de longues années le principal pôle d'expérimentation du nucléaire français. En 1966, le Centre d'expérimentation du nucléaire français commence à fonctionner dans les îles de **Mururoa** et de **Fangataufa**. En trente ans, la France a effectué plus de 200 essais nucléaires en Polynésie française. Et en 1996, elle décide de signer le traité d'interdiction totale des essais nucléaires et dissout le centre d'expérimentation de Mururoa, transformé aujourd'hui en base militaire. Parmi tous les États de la Francophonie, la France est la seule puissance nucléaire et siège de ce fait au Conseil de sécurité des Nations unies, avec un statut de membre permanent.

ÉCONOMIE

Le sous-sol des territoires du Pacifique possède d'immenses ressources. La Nouvelle-Calédonie est le troisième producteur mondial de nickel et le Vanuatu dispose d'importantes quantités de manganèse. On y trouve également du plomb, du chrome, de l'or et du cuivre en quantités modérées.

La présence de nombreux volcans et les faveurs du climat entraînent une grande fertilité des sols. Ils sont de ce fait très adaptés à la pratique de l'agriculture vivrière* : ignames*, taro*, patates douces*, manioc*, maïs s'y trouvent en abondance. Cette agriculture vivrière à laquelle s'ajoute l'élevage laitier local permet une bonne situation alimentaire.

ACTIVITÉS

1

La Nouvelle-Calédonie s'appelait Grande Terre avant que l'explorateur anglais James Cook ne la baptise, en 1774, *New Caledonia*. Aujourd'hui, pour désigner ce territoire, certains l'appellent « le caillou ».

Quels sont les différents statuts politiques des îles francophones de l'océan Pacifique ?

2

Avant 1988, la Nouvelle-Calédonie était en guerre civile. Les Kanaks* (voir p. 135) réclamaient l'indépendance de leur territoire, alors que les Européens, installés depuis plusieurs décennies, voulaient rester dans le giron de la France. Pour mettre fin à cette guerre civile qui faisait de plus en plus de morts, des accords furent signés à Matignon. Ils stipulaient que dans dix ans, c'est-à-dire en 1998, tous les Calédoniens devraient décider du sort de leur territoire, à l'issue d'un vote. En 1998, de nouvelles négociations, qu'on a appelées « Accord de Nouméa », ont reporté cette date à 2013, ou peut-être même 2018. Mais elles ont permis de renforcer l'autonomie politique et économique de la Nouvelle-Calédonie.

Décrivez aussi la situation politique après l'indépendance au Vanuatu.

3 **Quand les expériences d'essais nucléaires ont-elles commencé en Polynésie française ?**

- **Dans quelles îles ?**

4 **Quel est le nombre d'essais nucléaires pratiqués en trente ans par la France dans le Pacifique ?**

5 **Quelles sont les ressources du sous-sol des territoires du Pacifique ?**

6 **Quels produits cultive-t-on pour l'alimentation quotidienne en Nouvelle-Calédonie ?**

- **Lesquels de ces produits pouvez-vous reconnaître sur la photo ci-contre ?**

LANGUES

Les territoires du Pacifique ont créé de nombreuses langues véhiculaires*, faites de différents mélanges de français, d'anglais et de **langues mélanésiennes***. À Vanuatu, on a par exemple le *bichlamar**, parlé par toute la population, qui permet aux francophones et anglophones de communiquer sans beaucoup de problèmes. Il existe également de nombreux pidgins* et créoles* dans toutes les autres îles. Ces pidgins permettent d'autant plus une unité linguistique que tous ces territoires disposent de plusieurs dizaines de langues vernaculaires*. Ces langues, appelées « langues mélanésiennes », font partie de la grande famille des langues dites **austronésiennes***, qui vont de l'océan Indien à l'océan Pacifique en passant par le Sud-Est asiatique. Plus de 300 millions de personnes dans le monde parlent des langues austronésiennes.

Le créole calédonien

Le **créole** en Nouvelle-Calédonie est un mélange de français, de langues kanakes, d'australien et de quelques mots américains remontant à la Deuxième Guerre mondiale, car la Nouvelle-Calédonie fut une importante base américaine dans l'océan Pacifique. Voici quelques exemples d'expressions en créole calédonien, où on peut retrouver les influences des différentes langues évoquées ci-dessus :

- *Tata* (vient de l'australien) ou *baille-baille* (qui vient de l'américain « bye ») : au revoir.
- *À la tôle* : rouler en voiture à toute vitesse.
- *Babycars* : petits autobus urbains ou desservant la brousse.
- *Bon à peau* : bon à rien.
- *Encanaquer* : pour un Européen, adopter le mode de vie des Mélanésiens.
- *Faire au con* : tromper, rouler.
- *Stockyard* : enclos à bétail.
- *Tinkyou bien* : merci bien.

RELIGIONS

Diverses pratiques animistes ont cours dans ces territoires, notamment chez les populations aborigènes*. Par exemple, de nombreux Kanaks* continuent de pratiquer le culte des ancêtres et des esprits. Mais le contact avec les Européens a introduit le christianisme (catholiques et protestants), qui est officiellement pratiqué par la majorité des populations du Pacifique. De même, des religions méthodistes, venant principalement des États-Unis, se développent dans ces territoires.

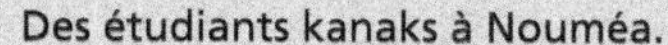
Des étudiants kanaks à Nouméa.

ACTIVITÉS

1 **Quel peut être, au Vanuatu, l'avantage d'avoir une langue comme le bichlamar ?**

Le *bichlamar* est la langue la plus parlée au Vanuatu. Avec l'anglais et le français, il jouit du statut de langue officielle. Il s'agit d'un mélange de plusieurs langues, avec une forte influence de l'anglais. Son vocabulaire est constitué de 90 % de mots anglais, 4 % de mots mélanésiens et de 3 % de mots français.

2 **Comment appelle-t-on les langues vernaculaires parlées dans les territoires du Pacifique ?**

- **De quel grand groupe dépendent-elles ?**
- **Combien de personnes de par le monde parlent ces langues ?**

3 **Quelles sont les langues qui influencent le créole calédonien ?**

4 **Pourquoi trouve-t-on des mots américains dans le créole calédonien ?**

5 En Nouvelle-Calédonie, certains font parfois une différence entre les Kanaks (ou Canaques) et les Caldoches. *Kanak*, qui vient de *Kanaka*, mot d'origine polynésienne, veut dire « homme ». *Caldoche*, lui, est un nom péjoratif créé vers les années 1960 par les enfants kanaks pour désigner les descendants des Européens sur l'île.

Quelle est la religion pratiquée par de nombreux aborigènes kanaks ?

- **Quelle est la différence entre un Kanak et un Caldoche ?**

6 **Quelles religions se sont implantées dans le Pacifique avec l'arrivée des Européens ?**

Jean Mariotti, l'écrivain le plus célèbre de la Nouvelle-Calédonie.

HOMMES DE LETTRES

Jean Mariotti

Jean Mariotti, né en 1901 et mort en 1975, reste l'écrivain calédonien le plus célèbre. Il incarnait tellement la Nouvelle-Calédonie que le conseil général de l'île lui a confié, en 1953, la rédaction de son *Livre du centenaire*. Ce fut en effet en 1853 que la Nouvelle-Calédonie devint un territoire français. À sa mort, Jean Mariotti était vice-président de la Société des gens de lettres de France et on le considérait comme une des grandes figures de la littérature française. Ses œuvres les plus connues sont *À bord de l'incertaine*, *Les Contes de Poindi*, *Remords*, *Tout peut être inutile*. Elles ont toutes été rééditées au cours des années 1990 par des éditeurs métropolitains* et calédoniens.

Jean Reverzy

Ce médecin lyonnais, né en 1914 et mort en 1959, a découvert l'écriture en même temps que la Polynésie française, en 1952. En 1954, à son retour de ces terres de Polynésie, il publiera *Le Passage*, qui obtiendra le prix Renaudot. Pendant sa courte vie, d'autres titres fort remarqués suivront, tels que *Place des angoisses* (1956), *Le Corridor* (1958), ainsi que des œuvres posthumes.

Jean Reverzy a toujours été proche des gens, notamment des pauvres, qu'il soignait souvent bénévolement dans son cabinet médical à Lyon.

Manu-Tahi

Charles Teriiteanuanua Manu-Tahi est l'un des écrivains les plus prolifiques de la Polynésie française. Il décrit, jusque dans ses côtés les plus mystiques, la société polynésienne, qu'il sait décrypter mieux que quiconque. Parmi ses œuvres les plus connues, on peut citer *Poètes du temps passé* (1979), *Le Mystère de l'univers maohi* (1992), *Histoire de la vallée profonde de Papenooo* (1998).

ACTIVITÉS

1 **Quelle fonction Jean Mariotti occupait-il à sa mort en 1975 ?**

2 Dans le *Livre du centenaire*, écrit en 1953, Jean Mariotti raconte le cheminement quotidien de la Nouvelle-Calédonie, depuis sa découverte par l'Anglais James Cook jusqu'à l'arrivée toute récente d'Américains, pour des raisons de guerre mondiale, qui s'est achevée quelque neuf ans plus tôt. Photos à l'appui, ce livre reste jusqu'à nos jours une des principales mémoires de ce territoire, à l'histoire très mouvementée.

Citez les titres d'autres œuvres écrites par Jean Mariotti.

3 **Pourquoi Jean Reverzy s'intéresse-t-il à la Polynésie française ?**

4 **En quoi les deux personnages dépeints par Reverzy dans son roman *Le Passage* ressemblent-ils à sa propre personne ?**

Dans son roman *Le Passage*, Jean Reverzy raconte deux histoires à la fois : celle d'un homme qui s'est installé pendant plusieurs années en Océanie, où il a vécu une très passionnante aventure humaine, avant de revenir mourir dans sa France natale; et une autre vie, celle du médecin qui le soigne, « qui n'a pas connu cette douceur des terres lointaines ».

- **Quel est le prix qui viendra consacrer ce roman ?**

- **Citez d'autres romans écrits pars Jean Reverzy.**

5 À Tahiti, d'où est originaire Manu-Tahi, le fait que le français soit langue officielle n'empêche pas les écrivains d'écrire majoritairement dans leur langue vernaculaire*, avant d'être traduits. Une académie tahitienne a d'ailleurs été créée à cet effet, ce qui a permis de codifier la transcription et de normaliser la syntaxe. À travers leur langue vernaculaire donc, les Tahitiens peuvent mieux faire ressortir les mystères de leur société.

Parmi les titres des œuvres de Manu-Tahi, citez-en un qui raconte les traditions et coutumes de la société tahitienne.

1

FÊTES

le pilou-pilou
pour célébrer l'igname

La Nouvelle-Calédonie et les Néo-Calédoniens ou Calédoniens
Capitale : Nouméa
Population : 197 000 habitants
Superficie : 19 058 km2

Construction d'une case pour les invités, avant une fête de pilou-pilou.

EN NOUVELLE-CALÉDONIE, une grande fête est organisée chaque année pour célébrer la saison de l'**igname***. Cette fête, appelée le ***pilou-pilou****, se prépare pendant des mois : les hommes construisent des cases* pour les invités pendant que les femmes tressent des nattes à partir de feuilles d'arbres locaux. Les femmes fabriquent également des ornements pour les guerriers. Le jour de la fête, chaque tribu* apporte ses provisions et ses cadeaux : des nattes, des vivres, des monnaies indigènes et autres objets de luxe. Les cadeaux sont présentés et admirés, et tout le monde passe à la danse. Les danseurs simulent des combats, courent, virevoltent, évoluent dans la poussière ou dans la boue, etc. La fête dure jusqu'à épuisement physique, puis épuisement des provisions. On raconte qu'avant l'arrivée des Européens, le pilou-pilou était à l'origine de famines, car toute la nourriture du village était consommée ce jour-là.

ADMINISTRATION

les derniers rois
de France

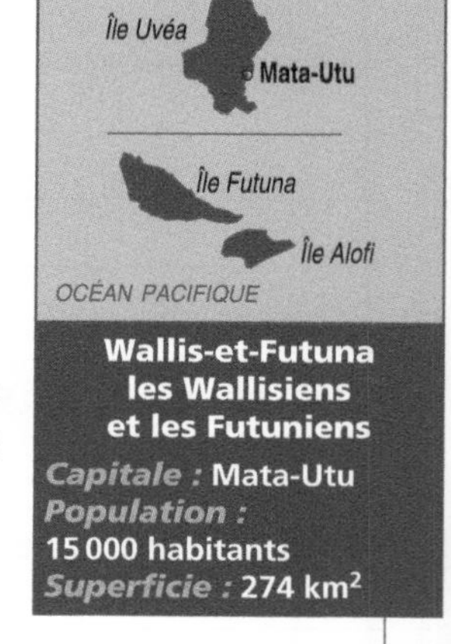

Wallis-et-Futuna les Wallisiens et les Futuniens
Capitale : Mata-Utu
Population : 15 000 habitants
Superficie : 274 km^2

WALLIS-ET-FUTUNA sont des territoires qui dépendent de la France, et donc appliquent les lois françaises ; mais ils bénéficient de quelques adaptations liées à leurs coutumes. Dans ces territoires, la place des rois est reconnue, à tel point qu'ils continuent à jouer un rôle important dans leur administration. Wallis-et-Futuna est administré par un **préfet** désigné par la France. Mais ce préfet doit s'entourer des trois rois les plus importants des différents territoires qui sont : **le roi des Wallis** qu'on appelle là-bas le *lavelua** ; et **les deux rois futuniens**, celui d'**Alo** qu'on appelle le *tu'i agaifo** et celui de **Sigave** qu'on appelle le *keletona**. Ces rois administrent aussi leurs territoires comme des entités semi-autonomes, avec des ministres, des chefs de district, des chefs de quartier, etc.

Un roi de Futuna, dans son palais.

ACTIVITÉS

1 **Comment se prépare la fête du pilou-pilou ?**

2 **Quelles conséquences sur la vie des Kanaks pouvait entraîner la fête du pilou-pilou ?**

3 **Sur la carte des pays de l'océan Pacifique de la page 180, placez la Nouvelle-Calédonie.**

Les 43 % de la population d'origine mélanésienne* sont appelés les **Kanaks*** ou Canaques.

- **Citez une ville importante de Nouvelle-Calédonie.**

- **Comment appelle-t-on les populations originaires de Nouvelle-Calédonie ?**

4 **Comment les territoires de Wallis-et-Futuna sont-ils administrés ?**

5 **Citez les noms des principaux chefs de Wallis-et-Futuna et dites quels sont les territoires qu'ils dirigent.**

6 **Sur la carte des pays de l'océan Pacifique de la page 180, placez Wallis-et-Futuna.**
Citez une ville importante de Wallis-et-Futuna.

- **Comment appelle-t-on les populations originaires respectivement de Wallis et de Futuna ?**

Îles du Vent
Moorea
Papeete
Tahiti
OCÉAN PACIFIQUE

La Polynésie française et les Polynésiens

Capitale : Papeete
Population : 219 521 habitants
Superficie : 4 200 km²

RELIGION

arioi

la secte de la danse

Des danseurs tahitiens, en tenue traditionnelle.

EN POLYNÉSIE FRANÇAISE, sur l'île de **Tahiti**, les ***arioi**** sont une secte qui se réclame d'un dieu très ancien nommé ***Oro****, consacré par la mythologie locale comme le dieu de la pluie, de la fertilité, de la danse et du chant. Les adeptes de cette secte sont de très grands danseurs, et leurs spectacles, qu'on appelle là-bas des ***upaupa****, sont très prisés des **Tahitiens**. Il s'agit de chants, de scènes drôles pendant lesquelles des grands prêtres ou des chefs peuvent être tournés en ridicule, et il y a aussi de la lutte. Les danseurs, très endurants, sont capables d'évoluer toute la nuit sans repos. Leurs prestations, qui se déroulent principalement dans des maisons spacieuses et décorées, leur permettent de très bien vivre. Elles leur procurent beaucoup de richesses, qui viennent aussi renflouer les caisses de la secte.

MÉDECINE

un peu de kava

pour communiquer avec les dieux

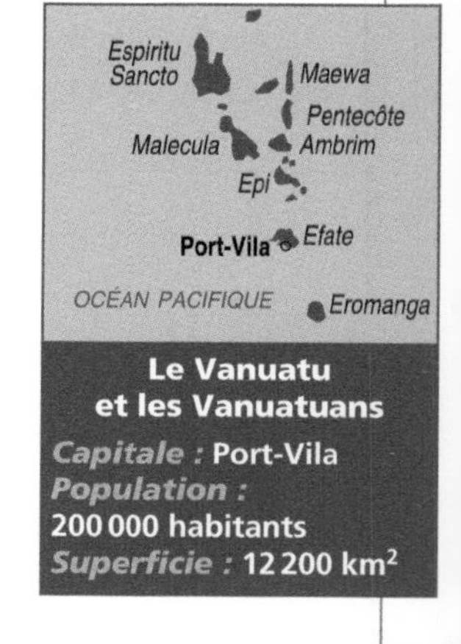

Le Vanuatu et les Vanuatuans

Capitale : Port-Vila
Population : 200 000 habitants
Superficie : 12 200 km²

AU VANUATU, le ***kava****, une plante sauvage, est un psychotrope très apprécié des populations. Le consommer fait partie des coutumes locales : hommes et femmes préparent des infusions d'eau froide, à partir de racines de kava pilées, mâchées ou moulues. Certains rituels* traditionnels accompagnent la fabrication ainsi que la consommation de cette préparation. Pour de nombreux consommateurs vanuatuans, le kava permet d'atteindre un état de conscience altéré, afin de communiquer plus facilement avec les dieux et les ancêtres. En fait, les ***kavalactones*** qui le composent créent une sensation de calme et de quiétude. C'est pourquoi, depuis quelques années, les produits du kava sont utilisés en pharmacologie, aux États-Unis et en Europe notamment. Ils agissent sur l'organisme, principalement comme décontractant musculaire.

Consommer du kava en communiquant avec les ancêtres, cela demande une grande concentration.

ACTIVITÉS

1 **Que représente le dieu Oro dans la mythologie tahitienne ?**

2 **Décrivez des séances d'upaupa.**

3 La Polynésie française est un ensemble d'îles, regroupées en quatre principaux archipels : archipel de la Société, archipel des Marquises, archipel des Australes et archipel des Tuamotu. L'île de Tahiti, qui appartient à l'archipel de la Société, est, avec 1 043 km^2, la plus grande île de la Polynésie française.

Sur la carte des pays de l'océan Pacifique de la page 180, placez la Polynésie française.
Citez deux villes importantes de Polynésie française.

- **Comment appelle-t-on les populations originaires de Polynésie française ?**

4 **Comment prépare-t-on le kava ?**

5 **Quelles vertus les habitants du Vanuatu prêtent-ils à cette plante ?**

6 **Sur la carte des pays de l'océan Pacifique de la page 180, placez le Vanuatu.**
Citez une ville importante du Vanuatu.

- **Comment appelle-t-on les populations originaires du Vanuatu ?**

LES CARAÏBES

Guadeloupe, Guyane, Haïti, Martinique

Aux Caraïbes, la mer côtoie les volcans.

HISTOIRE

Les premiers habitants des Caraïbes furent des Indiens. C'est pourquoi ces terres demeurent, comme d'ailleurs tout le continent américain du Sud, le berceau des civilisations aztèque et maya, deux importants peuples indiens. Au XVIIe siècle, les Européens ont commencé à s'installer en Amérique, tuant parfois de nombreuses populations autochtones*. Certains parlent d'ailleurs aujourd'hui d'un véritable génocide* contre les Indiens. À partir du XVIIe siècle, les Européens se mettront à pratiquer l'esclavage : plus de dix millions de Noirs seront ainsi déportés vers l'Amérique, et trois millions environ périront pendant la traversée de l'Afrique.

Le commerce triangulaire

Depuis le XVIIe siècle jusqu'à son abolition officielle le 27 avril 1848, l'esclavage a eu cours dans les territoires des Caraïbes. Des Noirs étaient capturés en Afrique et amenés en Amérique pour travailler dans des champs de canne à sucre, de coton ou d'indigo. Cet esclavage a entraîné la mise sur pied de ce qu'on a appelé le **commerce triangulaire**. Des bateaux partaient des ports européens avec des produits tels que des miroirs ou des vêtements qu'ils remettaient à des chefs africains. En échange, ces derniers leur donnaient des hommes noirs, capturés à l'intérieur du continent. Ces hommes noirs étaient conduits dans toute l'Amérique pour travailler dans des plantations. Leurs productions étaient ramenées par les mêmes bateaux en Europe pour être commercialisées. On a appelé cette transaction « commerce triangulaire » parce qu'elle mettait en relation trois continents : l'Afrique, l'Amérique et l'Europe.

GÉOGRAPHIE

Cette région du monde est située au centre du continent américain, entre l'Amérique du Nord et l'Amérique du Sud. La partie francophone est constituée d'îles bordées par la mer des Caraïbes et l'océan Atlantique (Guadeloupe, Haïti, Martinique) que l'on appelle **les Antilles**, et de la Guyane, située tout au nord de la partie continentale de l'Amérique du Sud.

Les sols ici sont de deux origines différentes : volcaniques ou coralliens, ils présentent parfois ces deux caractéristiques. Le climat est humide, avec une alternance entre fortes pluies et fortes chaleurs. Comme dans l'océan Indien, les îles des Caraïbes subissent le passage de cyclones, qui peuvent parfois être dévastateurs.

ACTIVITÉS

1 Les Caraïbes désignent de manière plus globale toute l'Amérique centrale, c'est-à-dire les Antilles, des pays tels que le Venezuela, la Colombie, le Panama, le Mexique, la Floride (aux États-Unis), l'archipel des Bahamas, etc. « Caraïbes » vient de *Caribes*, une ethnie* de guerriers indiens redoutables qui peuplaient les îles lors de la découverte de cette région vers le XVe siècle.

Quels sont les territoires francophones dans l'ensemble appelé « Caraïbes » ?

____

____

2 **Décrivez les sols et le climat des Caraïbes.**

____

____

____

3 **Expliquez ce qu'est le « commerce triangulaire ».**

____

____

____

____

____

• **Sur le schéma ci-dessous, reconstituez l'itinéraire du commerce triangulaire.**

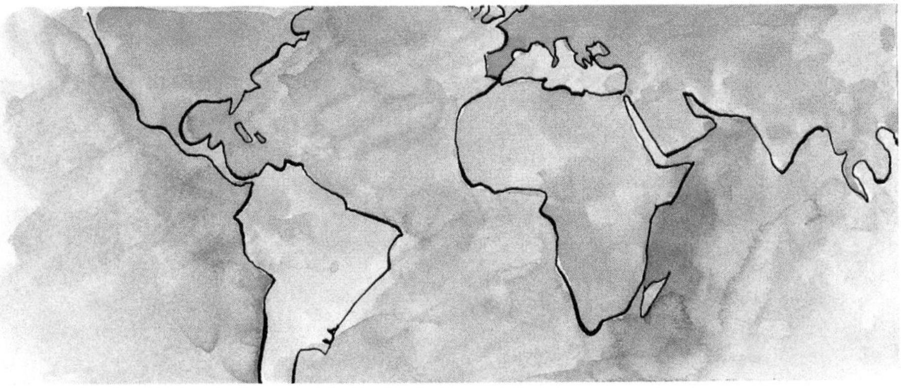

4 **Qui étaient les premiers habitants des Caraïbes ?** ______________________________

• **Pourquoi certains parlent-ils de génocide envers eux ?**

____

____

5 **Combien d'Africains ont-ils été déportés vers l'Amérique ?** ______________________________

POLITIQUE

Les territoires francophones des Caraïbes ont deux statuts différents selon les cas :

• Haïti est un État **indépendant** depuis 1804. C'est la première république entièrement noire de l'humanité et, à ce titre, elle a servi de modèle aux autres républiques noires qui se sont formées par la suite.

• La Guadeloupe, la Guyane et la Martinique sont des **départements français d'outre-mer**, qu'on appelle aussi DOM. La loi française leur reconnaît cependant une certaine autonomie par rapport aux départements de la métropole. Ils peuvent également adapter certaines lois françaises à leurs situations locales.

Haïti est toujours une république, avec à sa tête un chef d'État. Quelques groupes indépendantistes subsistent dans les départements français d'outre-mer, mais ils restent minoritaires.

L'ananas est l'un des principaux produits d'exportation des Caraïbes.

■ Les tontons macoutes

L'histoire de Haïti au cours de la seconde moitié du XXe siècle est indissociable des Duvalier, père et fils, qui ont successivement dirigé ce pays. Le 27 avril 1957, François Duvalier est élu président de Haïti, et se transforme très vite en dictateur sanguinaire : l'activité des partis politiques est peu à peu interdite et les opposants sont liquidés physiquement si ils n'ont pas déjà pris le chemin de l'exil. Juste avant sa mort en 1971, il impose que son fils Jean-Claude lui succède. Ce dernier restera célèbre pour sa milice, les **tontons macoutes***. Ce groupe paramilitaire, officiellement appelé « Volontaires de la sécurité nationale (VSN) », s'est spécialisé dans les exécutions politiques à l'arme blanche. Pilleurs, amateurs de tortures diverses, tueurs à gages, ils inspireront une grande crainte aux Haïtiens, jusqu'à la fuite de Jean-Claude Duvalier, le 7 février 1986.

ÉCONOMIE

Haïti, suite à des crises politiques à répétition, est devenu un des pays les plus pauvres du monde, alors que son économie présentait un fort potentiel dans les années 1950. Aujourd'hui, l'économie de Haïti repose principalement sur les Haïtiens de l'extérieur.

Les départements français d'outre-mer restent de très gros producteurs de canne à sucre. Des capitaux venus de la métropole ont également été investis dans la culture de la banane et de l'ananas, à tel point que ces territoires en sont maintenant devenus d'importants producteurs mondiaux. En Europe, les bananes et les ananas consommés viennent principalement de la Martinique ou d'Afrique de l'Ouest.

Comme toutes les îles, les DOM et Haïti sont de grandes destinations touristiques.

ACTIVITÉS

1

La France a deux appellations pour nommer les territoires qui sont lointains sur le plan géographique, mais qui dépendent d'elle sur le plan politique.
• Il y a les DOM, ou départements d'outre-mer : parmi eux la Guadeloupe, la Martinique, la Réunion (cf. p. 84) et la Guyane. Ils disposent chacun d'un conseil régional, comme toutes les régions de France, mais peuvent demander une adaptation des lois nationales à leur situation particulière.
• On a ensuite les TOM, ou territoires d'outre-mer : la Nouvelle-Calédonie, la Polynésie française, Wallis-et-Futuna, les terres australes et antarctiques françaises. Leur autonomie est plus grande que celle des DOM. Ils disposent d'une assemblée territoriale, et la loi leur laisse la possibilité d'accéder à l'indépendance quand ils le souhaitent.

Quel est le statut politique des pays et territoires francophones des Caraïbes ?

2 **Quelle est la différence entre un DOM et un TOM ?**

3 **Quelle est l'année de l'indépendance de Haïti ?**

4 **Qui a fondé l'organisation des tontons macoutes ?**

5 **Quelle était l'activité des tontons macoutes ?**

6 **Quels sont les produits cultivés dans les DOM ?**

7 **Avec l'agriculture, quelle est l'autre activité importante de l'économie des Caraïbes ?**

Séance de vaudou dans un humfor (temple) en Haïti.
Ici, le mambo (grand prêtre) est une femme.

LANGUES

Le créole

La langue maternelle des Caraïbéens* est le **créole***. *Créole* est un mot d'origine espagnole qui veut dire « élevés ici ». Cette langue est apparue au cours du XVIIe siècle, pendant l'esclavage. Elle varie beaucoup selon les territoires mais, en règle générale, sa base est la langue de l'ethnie* dominante de la région, à laquelle on ajoute des mots issus des langues parlées par les minorités. Selon les endroits, la langue dominante peut être une langue africaine, une langue indienne ou une langue européenne. Parmi les langues européennes, il faut compter les patois* européens. Par exemple, pendant l'esclavage, les principaux ports maritimes français étaient ceux de Nantes et de Bordeaux; aussi, de nombreux Bretons qui parlaient à peine le français se sont retrouvés aux Antilles. On retrouve donc, dans certains créoles, une très forte influence du breton*.

Petit lexique créole

- *Ki laj ou ka fé ?* = Quel âge as-tu ?
- *Ki moun ki di ou sa ?* = Qui t'a dit cela ?
- *Mwen aimé ou doudou* = Chérie je t'aime.
- *An nou zouké ô swê a* = Je t'invite danser ce soir.

Dans les Antilles, le créole a sa propre grammaire et est de plus en plus enseigné dans les écoles. De nombreux jeunes Antillais* apprennent le créole avant d'apprendre le français. Cela est conforme à la politique des langues que souhaite la Francophonie : chaque peuple doit être habile dans sa langue maternelle, ce qui lui permettra ensuite de mieux maîtriser le français.

RELIGIONS

Les habitants des Caraïbes sont **chrétiens** dans leur écrasante majorité. Mais on peut noter une forte influence des religions traditionnelles africaines. À Haïti par exemple, **le vaudou***, importé du Bénin pendant la période d'esclavage, est très pratiqué. Il s'agit d'une synthèse des religions africaine et chrétienne. Le vaudou fonctionne selon un dogme fondamental : la réalité n'est qu'une façade derrière laquelle agissent des forces spirituelles.

Les cultes vaudou ressemblent à des séances de magie noire*. Dans ce qu'on appelle à Haïti un ***humfor****, une espèce de temple isolé en pleine forêt, le ***mambo**** (le grand prêtre) fait des incantations*, accompagnées de louanges et de chants de l'assemblée. Au terme du cérémonial, des sacrifices d'animaux sont opérés, de même qu'une distribution d'offrandes.

ACTIVITÉS

1 Connaissance du créole

- Que signifie le terme « créole » ?

- Quand cette langue est-elle apparue ?

- Quelles sont les langues qui l'influencent ?

2 Comparez le créole des Caraïbes francophones au créole calédonien (p. 130).

3 Existe-t-il une forme de créole dans votre pays ?

Si oui :
- dites quelles sont les raisons qui ont favorisé sa création :

- dites quelles sont les langues qui l'influencent :

4 Quelle est la principale religion pratiquée aux Caraïbes ?

5 Quelle est l'origine du vaudou ?

6 Racontez une séance de vaudou.

HOMMES DE LETTRES

Aimé Césaire, le défenseur de la cause noire

Aimé Césaire, né le 26 juin 1913 en Martinique, a fondé en 1934, avec des écrivains tels que les Sénégalais Léopold Sédar Senghor et Birago Diop, et le Guyanais Léon Gontran Damas, la revue *L'Étudiant noir*, dans laquelle apparaît pour la première fois le mot *négritude*. Pour Césaire, ce mot exprime à la fois le rejet de l'assimilation culturelle des Noirs et le rejet du Noir paisible, incapable de construire une civilisation. Diplômé de l'École normale supérieure, il se fera connaître par son premier roman *Cahiers d'un retour au pays natal* (1936). Par la suite, il publie d'autres œuvres comme *Armes miraculeuses* (1944), *Discours sur le colonialisme* (1950). Il a été député de la Martinique à l'Assemblée nationale (1946-1993), et de nombreuses années durant (1945-2001) maire de Fort-de-France, la capitale martiniquaise.

Aimé Césaire, l'un des plus grands écrivains noirs francophones.

Léon Gontran Damas, l'Antillais-Africain

Léon Gontran Damas, né en 1912 en Guyane, est décédé en 1978. Il reste l'un des écrivains antillais* les plus connus. Son parcours est très proche de celui de son condisciple Aimé Césaire, qu'il côtoie pour la première fois au lycée Victor-Schœlcher, en Martinique. Sa bibliographie, répartie entre poésie, romans et ouvrages de recherche, est très importante : *Pigments* (1937), *Retour de Guyane* (1938), *Veillées noires* (1943), entre autres.

De 1951 à 1978, il sera député de la Guyane. Il mènera par la suite une importante carrière de chercheur et de conférencier tant à l'Unesco que dans les universités africaines, françaises et américaines. Toute sa vie, il a cherché ses racines africaines, et ses déplacements sur ce continent ont toujours eu un écho particulier.

Jean Métellus, le « neuro-linguiste »

Jean Mételllus, né en 1937 à Haïti, est l'un de ces intellectuels qui se sont exilés pour fuir la dictature des Duvalier. Il a pour particularité d'appartenir à deux mondes : celui de la médecine, dont il est docteur spécialiste en neurologie depuis 1970; et celui des lettres, à travers ses nombreuses œuvres littéraires et un doctorat en linguistique, obtenu en 1975. C'est pourquoi certains de ses collègues écrivains l'appellent « le neurolinguiste ». Sa production littéraire, qui va du roman au théâtre en passant par la poésie et l'essai, fait de lui un des écrivains francophones les plus prolifiques de la seconde moitié du XXe siècle. Parmi ses œuvres, on trouve : *Jacmel au crépuscule* (roman, 1981), *L'Archevêque* (roman, 1999), *Au pipirite chantant* (recueil de poèmes, 1978), *Voyance* (recueil de poèmes, 1984), *Haïti, une nation pathétique* (essai, 1987), *Le Pont rouge* (théâtre, 1991), etc.

ACTIVITÉS

1 **Faites un petit portrait d'Aimé Césaire.**

2 **À partir des titres des principaux ouvrages d'Aimé Césaire, dites quels sont les principaux thèmes qu'il aimait développer.**

3 **Avec quels autres écrivains noirs Aimé Césaire a-t-il fondé la revue *L'Étudiant noir*?**

4 **À partir de la définition de la négritude de Senghor (p. 20) et de Césaire, dites en quoi cet extrait de *Cahiers d'un retour au pays natal* milite pour l'affirmation des droits des Noirs, en particulier, et des peuples opprimés, en général.**

Partir.
Comme il y a des hommes-hyènes et des hommes-panthères, je serai un homme-juif
un homme-cafre
un homme-hindou-de-calcutta
un homme-de-Harlem-qui-ne-vote-pas

l'homme-famine, l'homme-insulte, l'homme-torture
on pouvait à n'importe quel moment le saisir le rouer
de coups, le tuer – parfaitement le tuer – sans avoir de compte à rendre à personne sans avoir d'excuses à présenter à personne
un homme-juif
un homme-pogrom
un chiot
un mendigot

mais est-ce qu'on tue le remords, beau comme la face de stupeur d'une dame anglaise qui trouverait dans sa soupière un crâne de Hottentot ?

Extrait de *Cahiers d'un retour au pays natal* d'Aimé Césaire, Présence africaine.

5 **Où Léon Gontran Damas et Aimé Césaire se croisent-ils pour la première fois ?**

6 **Pourquoi certains appellent-ils l'écrivain haïtien Jean Métellus « le neuro-linguiste » ?**

1

BOISSON

le rhum

un alcool puissant

Port-Louis
Grande-Terre
Pointe-à-Pitre
Basse-Terre
La Désirade
OCÉAN ATLANTIQUE
Mer des Caraïbes
Marie-Galante

La Guadeloupe et les Guadeloupéens

Chef-lieu de département : Basse-Terre
Population : 422 496 habitants
Superficie : 1 780 km²

Champ de canne à sucre.

EN GUADELOUPE, on fabrique et on consomme beaucoup **de rhum**, un alcool très fort, fait à base de canne à sucre. Le rhum est considéré comme la principale boisson alcoolisée des Antilles. Il est de toutes les fêtes, bals, mariages, veillées funèbres*.

Comment le fabrique-t-on? Après un an de maturation, la canne à sucre est récoltée. Sa tige est transportée à une distillerie, où la canne est passée dans un hachoir. Les morceaux coupés sont mélangés à de l'eau. Le tout est versé dans un moulin, où sera extrait le jus. Le jus ainsi extrait est filtré, et on le laisse fermenter pendant environ quarante heures. Le jus fermenté, qu'on appelle aussi ***vesou****, est chauffé. L'alcool contenu dans le vesou s'évapore, puis est reliquéfié dans des condensateurs. On obtient alors le **rhum blanc**. Si on le conserve pendant un minimum de trois ans dans des fûts de chêne, on obtient alors du **rhum vieux**.

Le rhum peut être servi en punch*, ou avec de l'eau de coco*. À **Marie-Galante**, une île guadeloupéenne où on fabrique l'une des marques les plus célèbres, *Le Père Labat*, consommer le rhum est pratiquement un art de vivre. À chaque heure de la journée est adaptée une variété différente de rhum. Les Antillais* sont tellement friands de leur rhum qu'ils consomment sur place 65 % de la production.

MUSIQUE

le zouk

un rythme afro-antillais

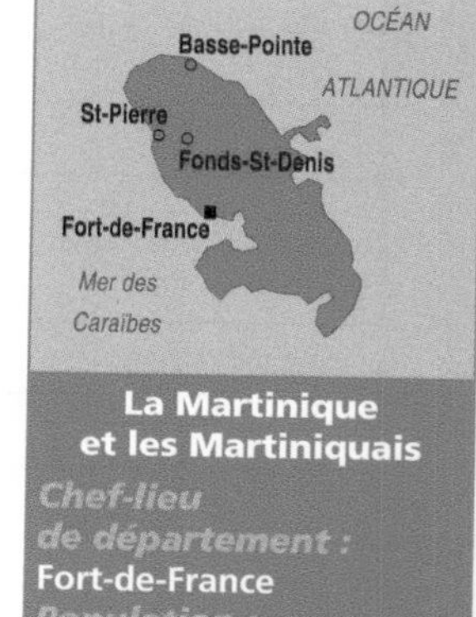

La Martinique et les Martiniquais

Chef-lieu de département : Fort-de-France
Population : 381 427 habitants
Superficie : 1 106 km²

LA MARTINIQUE vibre au rythme du ***zouk****, à l'origine le nom d'une fête de campagne et devenu celui de la musique phare des Antilles. Ce genre musical est apparu vers la fin des années 1970, à travers un groupe nommé **Kassav***. Le zouk est un mélange de rythmes antillais et de musiques d'Afrique centrale, notamment le ***makossa**** du Cameroun et le ***soukouss**** des deux Congo.

Les Kassav ont fait du zouk une musique internationale. Avec plusieurs disques d'or, ils se positionnent parmi les meilleures ventes d'albums au monde dans les années 1980. Aujourd'hui, il existe de nombreuses variétés de zouk sur le marché du disque. La plus connue est le *zouk-love*, qui se danse comme un slow*.

Le groupe Kassav en concert.

ACTIVITÉS

1 **Comment fabrique-t-on le rhum ?**

2 **Citez l'une des marques les plus célèbres de rhum guadeloupéen ?**

Dans quelle île est-elle fabriquée ?

La canne à sucre est un élément fondamental dans la vie des Antillais*. Elle permet de fabriquer du sucre et du rhum, mais ses déchets, qu'on appelle là-bas **fibres de bagasse***, servent d'engrais dans les champs. De plus, elle a une place symbolique importante. Elle est indissociable du phénomène de l'esclavage, qui reste à jamais gravé dans la conscience collective des Antillais.

3 **Sur la carte des Caraïbes de la page 180, placez la Guadeloupe. Citez deux villes importantes de la Guadeloupe.**

• **Comment appelle-t-on les populations originaires de la Guadeloupe ?**

4 **Décrivez la musique zouk.**

5

Deux autres rythmes célèbres ont permis à la musique antillaise d'être présente sur le marché du disque depuis plusieurs décennies : ce sont la ***biguine**** et le ***compa****, que l'on regroupe sous le terme générique de « musique afro-caraïbéenne ». Ces rythmes ont subi des influences africaines, indiennes, mais aussi hispaniques grâce au fort rayonnement du voisin Cuba. Auparavant, cette musique se jouait avec de nombreux instruments traditionnels. Elle est aujourd'hui ouverte aux instruments modernes, ce qui en fait une musique de plus en plus accessible à toutes les cultures, maintenant vendue et dansée dans tous les pays.

Citez le nom d'un célèbre groupe de zouk.

• **Vers quel autre rythme le zouk a-t-il évolué ces dernières années ?**

6 **Sur la carte des Caraïbes de la page 180, placez la Martinique. Citez deux villes importantes de Martinique.**

• **Comment appelle-t-on les populations originaires de Martinique ?**

2

AFFAIRES

la ruée vers l'or

l'artisanat à l'état brut

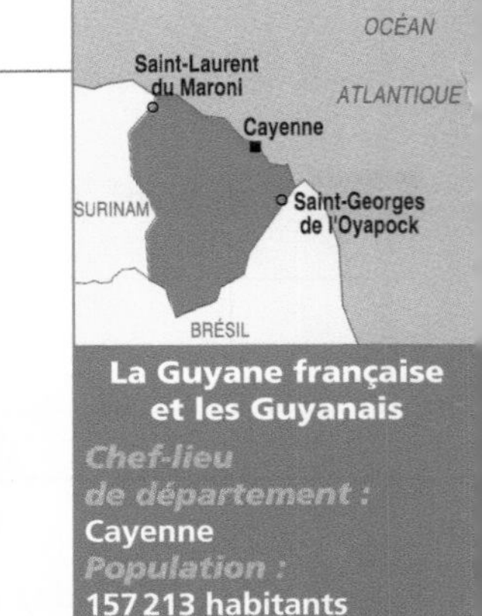

La Guyane française et les Guyanais

Chef-lieu de département : Cayenne
Population : 157 213 habitants
Superficie : 91 000 km²

Un chercheur d'or en Guyane française.

EN GUYANE FRANÇAISE, des légendes de pauvres paysans devenus riches du jour au lendemain grâce à la découverte d'or dans des mares hantent le quotidien des habitants. Ainsi, beaucoup quittent les villes pour le fin fond des campagnes où, pendant des jours et des nuits, ils recherchent le métal rare. Les techniques utilisées sont artisanales. Certains restent fidèles à la très vieille méthode de la ***poêle à frire****. Ils recueillent de la terre au fond d'un cours d'eau où on a jadis trouvé de l'or; puis cette terre est « lavée », c'est-à-dire scrutée dans le détail. Mais ce procédé est devenu pratiquement improductif.

La technique artisanale qui semble avoir traversé toutes les générations est celle dite du ***long tom****. Le long tom est une caisse en bois à deux étages : le premier étage recueille la terre, et le second les alluvions (de la boue), dans lesquelles on cherchera l'or.

D'autres creusent la terre à un endroit où le courant est fort, afin que les particules lourdes, parmi lesquelles parfois de l'or, se déposent au fond. D'autres encore utilisent la technique dite du ***cayotinh****, qui consiste à creuser des puits pour parvenir jusqu'au lit rocheux d'une rivière, afin d'y trouver une poche aurifère. En Guyane, toute la vie rurale est rythmée par ces recherches artisanales et illégales d'or, malgré les lois strictes en la matière que le gouvernement français, dont dépend l'île, a essayé d'édicter.

L'or et ses conflits

Dans les villages guyanais les plus reculés, les Brésiliens des forêts voisines sont réputés être de grands chercheurs d'or. Ils sont très appréciés par les paysans guyanais qui leur louent leurs terres, afin qu'ils recueillent le métal tant convoité. Cela entraîne souvent des conflits car il arrive que les Brésiliens soient accusés d'avoir dissimulé l'or qu'ils ont trouvé. S'ensuivent des « chasses aux Brésiliens », qui très vite s'apaisent, car ces derniers, en tant qu'experts, sont devenus quasiment incontournables.

ACTIVITÉS

1 **Décrivez les différentes techniques artisanales de recherche d'or utilisées en Guyane française ?**

2 L'or de Guyane n'est pas exploité seulement de manière artisanale. Dès 1855, une entreprise moderne, la Société de l'Approuage, s'était constituée pour exploiter l'or guyanais. Malgré les 200 000 hectares de terre reçus en concession, elle fit faillite quelques années plus tard, à cause de ses activités parallèles non rentables, notamment l'agriculture. Depuis, de nombreuses autres entreprises se sont installées, utilisant les techniques les plus modernes, et font de très bonnes affaires.

Ces recherches d'or par les paysans francophones et brésiliens sont-elles légales ?

3 **Quels arrangements les paysans guyanais ont-ils conçus avec leurs voisins brésiliens ?**

4 **Sur quoi ces petits arrangements débouchent-ils souvent ?**

5 **Sur la carte des Caraïbes de la page 180, placez la Guyane française.**
Citez deux villes importantes de la Guyane française.

6 **Comment appelle-t-on les populations originaires de la Guyane française ?**

Christophe Colomb, qui a découvert la Guyane, l'a d'abord baptisée l'« île de Grâce », parce qu'il se croyait sur une île. Mais quelques années plus tard, le territoire est baptisé *Guyana* (transcrit en français « Guyane »), qui vient du nom d'une tribu indienne qui y vit, et qu'on appelle les *Wayanas*. À cette époque, une légende circule en Europe selon laquelle il y aurait, en Guyane, une cité gouvernée par un prince couvert d'or nommé *El dorado* (l'homme doré).

3

DIASPORA

le dixième département

au secours du pays

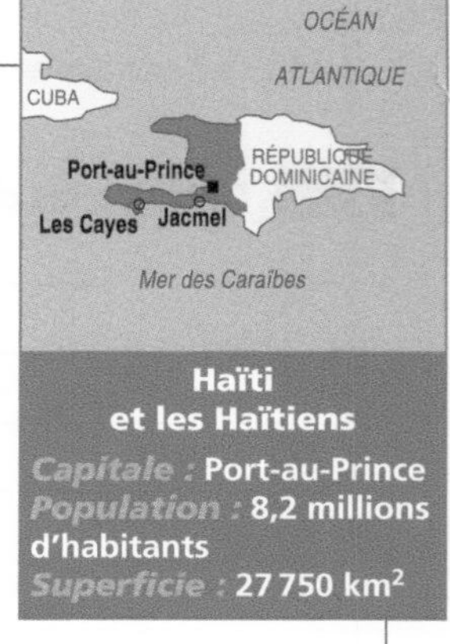

Haïti et les Haïtiens

Capitale : Port-au-Prince
Population : 8,2 millions d'habitants
Superficie : 27 750 km²

Un Haïtien, professeur aux États-Unis, distribue des chaussures aux enfants de son pays.

À HAÏTI, ce qu'on appelle le **dixième département*** joue un rôle important dans le fonctionnement de la société. Haïti est en effet découpé en neuf départements administratifs, et le dixième département représente les Haïtiens de la diaspora*. Ils sont près de deux millions répartis à travers le monde, qui envoient beaucoup d'argent et de biens à leurs familles et à leurs amis restés dans l'île.

Haïti traverse depuis plusieurs années des crises politiques, qui ont de graves conséquences sur l'économie du pays, devenu l'un des plus pauvres du monde. Le travail se faisant rare, toutes les familles comptent sur leurs membres du dixième département, dont les envois d'argent permettent de garder la tête hors de l'eau. Qui n'a pas de proches dans le dixième département est pratiquement assuré de disparaître !

Le phénomène a pris une telle dimension que même l'État n'y est pas resté indifférent. Il existe un ministère des Haïtiens vivant à l'étranger, dont la mission principale est d'amener la diaspora à investir dans le pays. Partout dans le monde d'ailleurs, les Haïtiens s'organisent en associations du dixième département et collectent des fonds pour soutenir ceux qui sont restés là-bas. Et depuis 2002, l'État a officiellement déclaré le mois d'octobre « mois du dixième département ». Pour faire redémarrer l'économie du pays, la diaspora est plus que jamais sollicitée.

La fuite des cerveaux

Haïti n'échappe pas à un phénomène qui concerne l'ensemble du tiers monde, et qui consiste à partir vers les pays du Nord, en quête d'une vie meilleure. La pauvreté est devenue telle que les jeunes semblent n'avoir plus aucun espoir de s'en sortir chez eux. À une époque, il ne s'agissait que des populations peu instruites. Mais aujourd'hui, de nombreux intellectuels quittent universités et entreprises pour faire fortune ailleurs. Ce phénomène, que l'on appelle la « **fuite des cerveaux*** », est le mal le plus dangereux qui guette les pays pauvres. Les États développés l'ont compris : ils essaient de plus en plus de créer des conditions de développement sur place, pour permettre aux gens de rester dans leur pays.

ACTIVITÉS

1 Qu'est-ce que le « dixième département », à Haïti ?

2 Quel est le découpage administratif de Haïti ?

3 Combien de Haïtiens vivent-ils hors de leur pays ?

4 L'État haïtien a mis en place deux mesures qui montrent qu'il a pris conscience du phénomène du « dixième département ». Quelles sont ces mesures ?

5 Pourquoi les populations du tiers monde émigrent-elles de plus en plus vers le Nord ?

6 Connaissez-vous l'importance de la diaspora pour votre pays ? À combien de personnes l'évalue-t-on ?

• Quels liens garde-t-elle avec son pays d'origine ?

7 Sur la carte des Caraïbes de la page 180, placez Haïti.
Citez deux villes importantes de Haïti.

8 Comment appelle-t-on les populations originaires de Haïti ?

« Haïti » vient du mot indien *ayiti*, qui veut dire « montagne dans la mer ».

L'AMÉRIQUE DU NORD

Canada (Québec, Nouveau-Brunswick), États-Unis (Louisiane)

Le fleuve Mississippi, la mamelle nourricière de la Louisiane.

GÉOGRAPHIE

Le **Québec** et le **Nouveau-Brunswick** sont des provinces du Canada, et la **Louisiane**, un des cinquante États fédérés des États-Unis. Le Canada et les États-Unis constituent l'Amérique du Nord.

Le climat et le relief de cette région varient grandement. Alors qu'en Louisiane, on a un climat subtropical (chaud et humide) et un relief de plaines côtières, le Québec et le Nouveau-Brunswick offrent des climats plus froids avec des températures moyennes de – 10 °C pendant le mois de janvier.

Le Québec est un très vaste territoire, divisé en trois grandes zones géographiques : les basses terres formées par les plaines autour de Montréal, des collines à l'est et des lacs dans le Grand Nord, qu'on appelle aussi Nouveau-Québec.

HISTOIRE

Le Québec, le Nouveau-Brunswick et la Louisiane se sont développés au cours du XVIIIe siècle, période faste de l'exploitation coloniale et de l'esclavage.

- En 1803, **la Louisiane** a été vendue 15 millions de dollars par Napoléon, le futur empereur français, au nouvel État fédéral américain. Elle est de ce fait devenue le dix-huitième État de la fédération.
- Au cours du XIXe siècle, **le Québec et le Nouveau-Brunswick** ont, quant à eux, connu des divisions entre Anglais et Français installés sur ces territoires. En 1755, les Anglais ont expulsé du Nouveau-Brunswick de nombreux descendants de Français, les Acadiens*. Ces derniers se sont pour la plupart installés en Louisiane.

Le Mississippi

Le fleuve Mississippi est la mamelle nourricière de la **Louisiane**. Non seulement il irrigue ce territoire, rendant de ce fait les sols très fertiles, mais il constitue aussi une voie navigable où transitent de nombreuses marchandises.
Le Mississippi est long de 3 780 kilomètres et traverse les États-Unis pratiquement du nord au sud. Grâce à son delta, les États de la Louisiane ou du Mississippi font partie des régions les plus fertiles du monde.

ACTIVITÉS

1 **Quels sont les principaux pays qui constituent l'Amérique du Nord ?**

2 **Décrivez les reliefs du Québec, du Nouveau-Brunswick et de la Louisiane.**

3 **Le Mississippi**

- Quelle est la longueur de ce fleuve ?

- Pourquoi dit-on que le Mississippi est la mamelle nourricière de la Louisiane ?

4

> Né le 15 août 1769, Napoléon Bonaparte dirigea la France à partir de 1799. En 1804, il se proclama empereur de France. Il conquit et gouverna une grande partie de l'Europe, avant la défaite de ses troupes dans la célèbre bataille de Waterloo, en 1815. Il fut alors fait prisonnier par les Britanniques et mourut en 1821.

En quelle année Napoléon Bonaparte a-t-il vendu la Louisiane aux États-Unis ?

- **Quel a été le prix de la vente ?**

5 **Combien d'États fédérés composent aujourd'hui les États-Unis ?**

- **À quel rang la Louisiane a-t-elle adhéré aux États-Unis ?**

6 **En quelle année des descendants de Français au Nouveau-Brunswick ont-ils été expulsés ?**

- **Où se sont-ils principalement installés ?**

Le Québec détient d'énormes réserves de bois, qui constituent l'une de ses principales ressources économiques.

POLITIQUE

- La Louisiane est l'un des cinquante États fédérés des États-Unis.
- Le Québec et le Nouveau-Brunswick font, quant à eux, partie des provinces qui constituent le Canada.
- Il existe au Québec quelques indépendantistes, mais ils n'ont jamais pu obtenir la majorité qui conduirait cette province du Canada à l'indépendance. En 1995, lors d'un référendum sur la question de l'indépendance, les Québécois se sont prononcés à 50,6 % pour le « non à l'indépendance », contre 49,4 % de « oui ».

ÉCONOMIE

Les territoires francophones d'Amérique du Nord disposent d'un sol et d'un sous-sol très riches. Aux États-Unis, la Louisiane est le troisième producteur de pétrole et de gaz, et le premier producteur de riz.

Le Québec dispose à lui seul de la moitié des réserves de bois de tout le Canada, d'une production hydroélectrique abondante et d'importantes réserves minières. Le Nouveau-Brunswick est, de son côté, un pôle important pour l'agriculture et la pêche.

La guerre de Sécession

L'histoire politique des États-Unis est marquée par la guerre de Sécession, qui s'est déroulée de 1861 à 1865. Elle a opposé les États du Nord, qui souhaitaient l'abolition de l'esclavage, à ceux du Sud dont la Louisiane, qui pratiquaient l'esclavage. Il existait déjà des divergences entre ces deux parties du pays, mais c'est l'élection à la tête des États-Unis d'Abraham Lincoln, en 1860, qui envenima la situation. Abraham Lincoln était farouchement opposé à l'esclavage. Les hostilités débuteront le 12 avril 1861, quand les États du Sud décideront de former une confédération, qui serait séparée des États du Nord. Cette guerre se terminera en 1865 par la conquête militaire de tous les territoires du Sud.

ACTIVITÉS

1 **Indiquez le statut politique des territoires suivants.**

- La Louisiane : ______
- Le Québec : ______
- Le Nouveau-Brunswick : ______

2 **En quelle année s'est déroulé le dernier référendum sur l'indépendance du Québec ?**

______

- **Quel en a été le résultat ?**

______

3 **Quelle fut la durée de la guerre de Sécession ?**

______

4 **Quel était l'objet du conflit entre les deux camps ?**

______

______

5 **Y a-t-il déjà eu une guerre de sécession dans votre pays ?**

______

- Si oui :

a) quelles en étaient les raisons ?

______

b) quelle fut l'issue de cette guerre ?

______

6 **Quelles sont les principales ressources économiques de la Louisiane, du Québec et du Nouveau-Brunswick ?**

- Louisiane : ______

______

- Québec : ______

______

- Nouveau-Brunswick : ______

______

7 **Les États-Unis sont considérés comme la première puissance du monde. Selon vous, sur quoi repose cette puissance ?**

______

______

Gravure représentant des Acadiens chassés du Canada, lors du « Grand Dérangement ».

LANGUES

Le **cajun*** est une langue parlée par près de 300 000 Cajuns*, qui sont les francophones de Louisiane. Il s'agit en fait de descendants de réfugiés politiques et religieux qui, au XIXe siècle, ont fui les provinces maritimes du Canada comme le Nouveau-Brunswick, et qu'on appelle **les Acadiens***. La langue cajun garde des expressions d'ancien français, et y ajoute des tournures qu'on trouve principalement dans la région du Poitou, en France.

Les mots cajuns sont en général des mots français légèrement transformés, sans aucune véritable logique. Quelques mots cajuns :

- *persécuteur* pour dire « percepteur » ;
- *couroir* pour dire « couloir » ;
- *téléformer* pour dire « téléphoner » ;
- *machineuf* pour dire « machiniste ».

RELIGIONS

Pendant la colonisation européenne, le christianisme, le protestantisme et le judaïsme* ont été introduits dans les territoires francophones d'Amérique du Nord. Depuis quelques années, l'islam s'y pratique de plus en plus. On y rencontre aussi de nombreuses religions africaines telles que le vaudou*, notamment en Louisiane, où il constitue un héritage du passé esclavagiste de ce territoire.

L'Amérique du Nord est aussi la terre d'accueil de nombreuses religions chrétiennes comme les Témoins de Jéhovah, les pentecôtistes*, les évangélistes*, etc. En Louisiane, comme dans tout le sud des États-Unis, on constate une forte attache à ces religions. D'ailleurs, ces États du Sud forment ce qu'on appelle aux États-Unis la *Bible Belt*, ce qui veut dire « ceinture biblique ».

Le Grand Dérangement

Les Cajuns et les Acadiens restent à jamais marqués par ce qu'ils appellent ***le Grand Dérangement****, qui les a touchés en 1755. Le Conseil de la Nouvelle-Écosse au Canada est alors une entité anglophone, à laquelle appartient un ancien territoire français, l'Acadie. Ce conseil décide de se débarrasser de tous les Acadiens. Il veut ainsi éviter que ces derniers ne prennent parti dans la guerre à venir entre la France et l'Angleterre pour le contrôle du Canada, qu'on appellera plus tard la **guerre de Sept Ans***. 46 bateaux sont chargés de plus de 13 000 Acadiens, et priés de quitter le Canada. Entre 7 000 et 8 000 d'entre eux périront et de nombreuses familles seront séparées. Les Acadiens survivants se retrouveront dispersés dans plusieurs territoires britanniques du monde, mais nombre d'entre eux se sont réfugiés aux États-Unis, où ils ont formé la communauté des **Cajuns**.

ACTIVITÉS

1 **Que désigne le terme *Cajuns* ?**

2 **Comment les mots cajuns sont-ils formés ?**

3 **Citez quelques mots cajuns et donnez leur signification en français.**

Bien que minoritaire, le français reste vivant en Louisiane. Il se parle principalement dans les paroisses, où des enquêtes récentes font même état de sa progression, car on a observé le désir de beaucoup de Louisianais de retourner à leurs sources.

4 **Racontez comment s'est déroulé le Grand Dérangement.**

5 **Quelles ont été les conséquences du Grand Dérangement ?**

6 La religion a toujours soudé les communautés afro-américaines. Pendant l'esclavage, elles ont d'ailleurs créé leur propre Église, l'*African Methodist Congregation*, et qui est aujourd'hui implantée dans presque tout le sud des États-Unis. La Louisiane compte actuellement plus de 5000 lieux de culte, principalement chrétiens et juifs.

Quelles sont les principales religions pratiquées en Amérique du Nord ?

- **Pourquoi parle-t-on de *Bible Belt* pour désigner une partie des États du sud des États-Unis ?**

7 **Pourquoi trouve-t-on des religions africaines en Louisiane ?**

HOMMES DE LETTRES

Antonine Maillet, combattante de la francophonie

Antonine Maillet, née en 1929 dans le Nouveau-Brunswick, est l'un des auteurs les plus connus du Canada francophone. Prix Goncourt en 1979 avec *Pélagie la Charrette*, elle est aussi une dramaturge reconnue. Son action en faveur de la langue française au Canada lui vaut une grande considération dans les instances francophones internationales. Quelques romans célèbres d'Antonine Maillet : *Par derrière chez mon père* (1972) et *Les Cordes-de-bois* (1977).

Antonine Maillet, la voix de la francophonie au Nouveau-Brunswick.

Quelques écrivains francophones d'Amérique du Nord

- Philippe Aubert de Gaspé (Canada), *Les Anciens Canadiens*, 1863, roman.
- Paul Chamberland (Canada), *Terre Québec* (poésie), 1964.
- Marie-Claire Blais (Canada), *Une saison dans la vie d'Emmanuel* (roman), 1965, prix Médicis.
- Victor-Lévy Beaulieu (Canada), *Blanche forcée* (roman), 1975.
- Gérard Leblanc et Claude Beauseauleil (Canada), *La Poésie acadienne* (anthologie), 1988.

Réjean Ducharme, un parolier hors pair

Réjean Ducharme, né en 1941 au Québec, est un romancier et dramaturge que d'aucuns qualifient de « parolier hors pair ». Il est surtout l'auteur d'un véritable livre culte des années 1960, *L'Avalée des avalés* (1967). Ses autres romans les plus connus sont *Le Nez qui voque* (1967) et *L'Océantume* (1968).

Zachary Richard, Cajun et fier de l'être

Zachary Richard, né en 1950 en Louisiane aux États-Unis, est l'un des rares poètes et musiciens américains d'expression française. Diplômé d'histoire et défendant avec fierté ses origines cajuns* tant dans ses chansons que dans ses poèmes, il est devenu en l'espace de quelques années l'une des consciences de cette communauté. Quelques recueils de poèmes de Zachary Richard : *Faire récolte* (1998), *Voyage de nuit* (2001), *Feu* (2001).

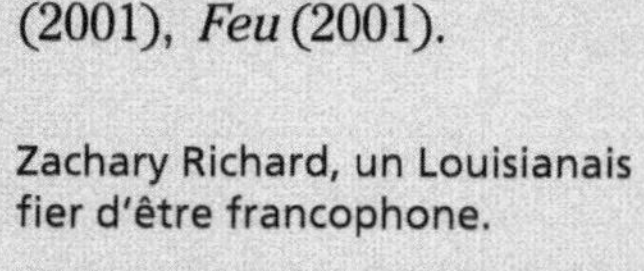

Zachary Richard, un Louisianais fier d'être francophone.

ACTIVITÉS

1 **En quelle année Antonine Maillet obtient-elle le prix Goncourt et avec quel roman ?**

2 **Antonine Maillet a la réputation d'être très attachée à la nature et à son terroir du Nouveau-Brunswick. Dites en quoi ces citations renvoient à cet attachement.**

Quelques citations tirées des ouvrages d'Antonine Maillet :

- « Le temps une sorte de fuite des choses qu'on s'efforce d'attraper au vol quand elles ont bon goût »
  Extrait de *Les Cordes-de-bois*, Éditions Leméac, Montréal, 1977.
- « Les racines, c'est aussi les morts »
  Extrait de *Pélagie la Charette*, Éditions Leméac, Montréal.

3 **Que défend Zachary Richard dans ses œuvres ?**

- **Quelles sont les différentes casquettes de Zachary Richard ?**

4 **Quel est le lien historique entre Antonine Maillet et Zachary Richard ?**

5 **Citations de Réjean Ducharme**

- En quelle année paraît *L'Avalée des avalés* ?

« Si on fait le vide autour d'un souvenir, il ne reste plus rien que ce souvenir dans l'infini qu'on a, et ce souvenir devient l'infini. »
Extrait de *L'avalée des avalés*, Éditions Gallimard, 1966.

- À partir de la citation ci-contre, que pensez-vous du style de Réjean Ducharme ?

- Citez deux autres romans écrits par Réjean Ducharme et leur date de parution.

6 **Citez trois autres écrivains francophones d'Amérique du Nord.**

1

MUSIQUE

le jazz

symbole de libération des Noirs

CANADA
ÉTATS-UNIS
San Francisco
Las Vegas
Los Angeles
Dallas
New York
Washington
Atlanta
Baton Rouge
La Nouvelle-Orléans
Miami
MEXIQUE
Golfe du Mexique

La Louisiane et les Louisianais

Capitale : Baton Rouge
Population : 4,4 millions d'habitants
Superficie : 125 625 km²

Le jazz est à la base de tous les autres rythmes musicaux américains.
Ici, Louis Armstrong, le père du jazz moderne.

LA LOUISIANE a pour ville principale **La Nouvelle-Orléans**, qui est le berceau de la musique de jazz. Les origines de ce rythme remontent à l'époque où les esclaves se rassemblaient le dimanche pour chanter et danser. Mais celui que l'histoire a reconnu comme étant le père du jazz moderne s'appelle **Buddy Bolden**, qui a entamé sa carrière en 1894. On n'a hélas aujourd'hui plus aucun enregistrement de lui.

C'est **Louis Armstrong** qui a rendu le jazz célèbre dans le monde. Comme Buddy Bolden, il est originaire de La Nouvelle-Orléans. À partir de 1920, le jazz se développe en plusieurs courants : *swing, be-bop, fusion, free-jazz,* etc., et après avoir conquis les États-Unis, se répand dans le monde entier. Mais si La Nouvelle-Orléans reste le berceau du jazz, elle a perdu sa position dominante au profit d'une ville comme New York. Aujourd'hui, le jazz a acquis une stature mondiale et influence la plupart des rythmes américains. Beaucoup considèrent d'ailleurs le jazz comme « la mère » des rythmes musicaux américians.

La musique cajun

Outre le jazz, les Louisianais sont restés fidèles à leur musique traditionnelle, qui est en fait une musique métisse. Il s'agit d'un mélange des sonorités de la guitare espagnole, du balafon* africain, du violon français, de l'accordéon allemand, etc. Les paroles, chantées en français, racontent le plus souvent l'histoire du peuple louisianais, tant des Blancs que des Noirs. Cette musique a été exportée en Europe et au Canada par **Zachary Richard**.

ACTIVITÉS

1 À quoi remontent les origines du jazz ?

2 Qui est considéré comme le « père » du jazz moderne ?

• Qui d'autre a fait connaître cette musique dans le monde ?

3 Quels sont les nouveaux courants du jazz ?

4 Quelle ville américaine est actuellement le bastion du jazz ?

5 Pourquoi dit-on que la musique cajun est une musique métisse ?

6 Que raconte généralement cette musique ?

7 Sur la carte de l'Amérique du Nord de la page 180, placez la Louisiane.
Citez deux villes importantes de Louisiane.

• Cherchez huit villes importantes des États-Unis qui ne font pas partie de la Louisiane.

8 Comment appelle-t-on les populations originaires de Louisiane ?

Le nom « Louisiane » fait référence au roi de France Louis XIV. La Louisiane faisait partie d'un plus vaste territoire de l'empire français, qu'on appelait la Nouvelle-France, et qui couvrait également le Canada, l'Acadie, la baie d'Hudson et Terre-Neuve.

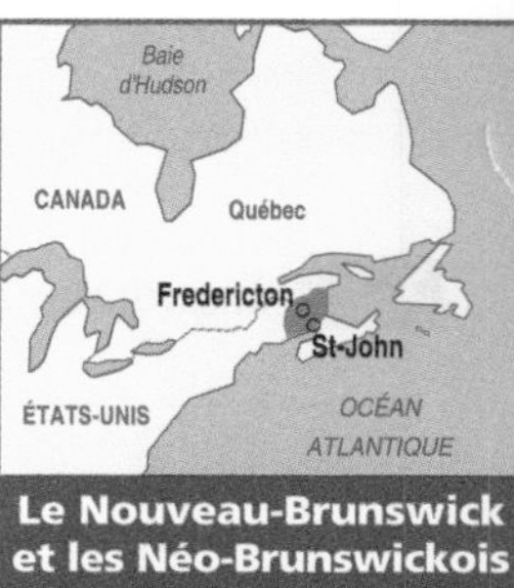

Le Nouveau-Brunswick et les Néo-Brunswickois
Capitale provinciale : Fredericton
Population : 738 130 habitants
Superficie : 73 437 km²

2

FÊTE

du bruit

pour retrouver ses racines

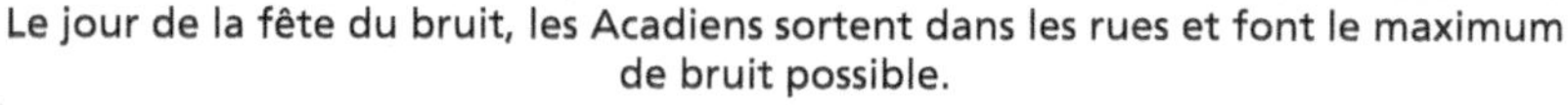
Le jour de la fête du bruit, les Acadiens sortent dans les rues et font le maximum de bruit possible.

AU NOUVEAU-BRUNSWICK, le fief des Acadiens*, on a préservé une vieille tradition du Moyen Âge qui consiste à faire du bruit pour **fêter le 15 août** : c'est le jour de la montée au ciel de la Vierge Marie (selon certaines religions chrétiennes, dont le catholicisme). Mais c'est aussi jour de la fête nationale dans cette province du Canada. Même si cette fête nationale n'est pas officiellement reconnue, elle est l'occasion, pour les Acadiens, de renouer avec leurs racines. Le point phare de cette journée se situe le soir, à 18 heures précises, alors que s'organise ce qu'on appelle **le grand tintamarre***. Les Acadiens, la famille au complet, descendent dans les rues, maquillés et vêtus de costumes particuliers. Chacun fait le plus de bruit possible avec des casseroles, des cuillères, des sifflets, des sirènes, des trompettes, etc. Le but de ce grand tintamarre est de démontrer bruyamment la vivacité du peuple acadien.

Mais faire du bruit n'est pas l'unique occupation de cette journée. Le matin, on va à la messe, puis toute la famille pique-nique au village historique acadien. On y reconstitue la **Convention nationale de 1884**, qui a vu les Acadiens choisir leur spécificité acadienne et la date de leur fête nationale. Ainsi, ils se différenciaient de ceux qu'ils appelaient **les Canadiens français**, notamment les Québécois.

Origine du grand tintamarre

Les Acadiens ont toujours fait du bruit pour célébrer un événement, triste ou joyeux. Dans les temps anciens, on tirait des coups de fusil ou de canon pour annoncer les naissances : deux coups pour une fille, trois coups pour un garçon. Cette tradition est revenue à la mode en 1955, pour la célébration du bicentenaire de la déportation des Acadiens (le Grand Dérangement*). Depuis, tous les 15 août à 18 heures, les Acadiens retournent à leurs cloches.

ACTIVITÉS

1 **Pourquoi les Acadiens font-ils du bruit le 15 août ?**

2 **Quelle autre fête religieuse célèbre-t-on le 15 août dans le monde ?**

3 **Racontez comment s'organise le « grand tintamarre » ?**

4 **Quel est le but de ce « grand tintamarre » ?**

5 **Citez au moins un événement pendant lequel les anciens Acadiens tiraient des coups de fusil.**

- **Combien de coups de fusils tiraient-ils ?**

6 **À quelle date le grand tintamarre a-t-il été remis au goût du jour ?**

7 **Sur la carte de l'Amérique du Nord de la page 180, placez le Nouveau-Brunswick.**
Citez deux villes importantes du Nouveau-Brunswick.

8 Le nom « Nouveau-Brunswick » remonte à la deuxième partie du XVIIIe siècle, en l'honneur du roi d'Angleterre George III. Il descendait du duché de Brunswick (Hanovre), qui était lié par le mariage aux rois d'Angleterre. D'autres noms avaient été proposés à cette province du Canada tels que *New Ireland* ou *Pittsylvania*, en l'honneur de William Pitt, qui était Premier ministre britannique de l'époque.

Comment appelle-t-on les populations originaires du Nouveau-Brunswick ?

3

HABITATION

le 1er juillet

jour de déménagement

CANADA
Edmonton
Calgary
Vancouver
Baie d'Hudson
Québec
Montréal
ÉTATS-UNIS
Hamilton
Ottawa
OCÉAN ATLANTIQUE

Le Québec et les Québécois

Capitale provinciale : **Québec**
Population : **7,1 millions d'habitants**
Superficie : **1 540 681 km^2**

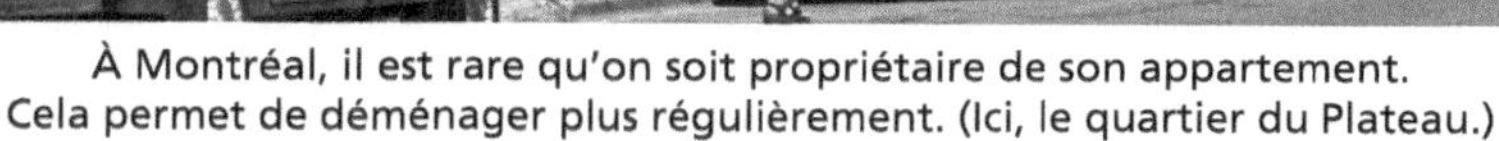

À Montréal, il est rare qu'on soit propriétaire de son appartement. Cela permet de déménager plus régulièrement. (Ici, le quartier du Plateau.)

AU QUÉBEC, plus du cinquième de la population déménage le 1er juillet. On appelle ce jour la « fête nationale du déménagement », qui est aussi le jour de la **fête nationale** de cette province du Canada. Cette tradition remonte à 1974. Cette année-là, le gouvernement de la province de Québec décida de prolonger tous les baux qui prenaient fin normalement le 30 avril. Cette date posait des problèmes aux élèves, souvent forcés de déménager en plein milieu de l'année scolaire. Désormais, avec le 1er juillet, l'année scolaire n'est pas perturbée. Mais cela a eu pour conséquence d'attiser le goût des Québécois pour le déménagement. Dans certains quartiers, cela peut toucher une maison sur deux. Certains vont même jusqu'à changer uniquement de palier. Des sociologues se sont saisis de ce phénomène pour tenter de l'expliquer.

On estime que cela est dû au penchant des Québécois pour l'incertitude. D'autres soutiennent que ces déménagements sont le fruit de la quête permanente des Québécois pour un logement meilleur. Ce désir de changement fait que les trois quarts des habitants de Montréal (la ville principale du Québec) préfèrent être locataires, pour pouvoir déménager quand ils le souhaitent.

Chaos dans la ville

« Le 1er juillet, Montréal est la ville la plus embouteillée du monde », aiment ironiser les Québécois. Ce jour-là, de nombreux camions obstruent les rues. On assiste le plus souvent à un jeu de « chaises musicales » : le nouvel arrivant attend que la maison soit libérée par son ancien occupant, qui attend lui-même que l'ancien occupant de sa nouvelle maison soit parti lui aussi ! Le 1er juillet est également un jour béni pour les entreprises de location de camions, qui n'hésitent pas à doubler ou tripler leurs tarifs.

ACTIVITÉS

1 Quelle est la proportion de la population québécoise qui déménage le 1er juillet ?

2 Racontez comment on en est arrivé à déménager le plus souvent à cette date.

3 Citez au moins deux raisons invoquées pour justifier le goût de certains Québécois pour le déménagement.

4 Quelle conséquence ces déménagements fréquents ont-ils sur le comportement des Montréalais ?

5 À quelle sorte de jeu assiste-t-on le jour du déménagement ?

6 Sur la carte de l'Amérique du Nord de la page 180, placez le Québec.
Citez deux villes importantes du Québec.

- Citez cinq villes importantes du Canada, qui ne font pas partie du Québec.

7 Comment appelle-t-on les populations originaires du Québec ?

Le mot « Québec » est d'origine indienne, plus précisément *algonquine* (les Algonquins sont les premiers habitants du Québec). Il désignait un resserrement du fleuve Saint-Laurent, c'est-à-dire un détroit. Comme le mot « Québec », « Canada » vient aussi des Indiens, qui utilisaient le mot *Kanata* pour désigner leurs villages lors de l'arrivée des Européens.

L'EUROPE

Belgique, Luxembourg, Suisse, Val d'Aoste

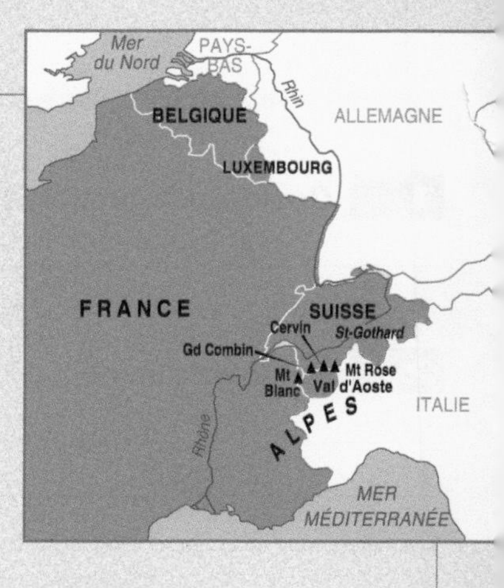

Les Alpes suisses en été.

HISTOIRE

On signale en Suisse la présence de traces humaines datant de 3000 ans avant Jésus-Christ. Les autres pays francophones d'Europe ont également une histoire très ancienne. Ils ont d'ailleurs tous connu la domination **romaine** avant le début de notre ère, puis des différents royaumes qui ont constitué l'Europe après le déclin de l'Empire romain.

Cela fait d'eux des terres d'une civilisation ancienne et riche, mais aussi des régions où se sont développées des notions telles que la démocratie ou les droits de l'homme.

Le Val d'Aoste a une histoire récente un peu particulière : il a appartenu à la France entre 1800 et 1814 avant de revenir à l'Italie, où il a toujours bénéficié d'une plus grande autonomie.

GÉOGRAPHIE

Les territoires francophones d'Europe sont concentrés aux frontières des trois grands pays que sont la France, l'Italie et l'Allemagne.

Les reliefs de ces pays représentent une synthèse des reliefs européens. La Belgique est un pays de plaines ; le Luxembourg, un pays de plateaux ; la Suisse et le Val d'Aoste sont situés dans une région de montagnes, les Alpes. Le climat est frais, tempéré, avec de nombreuses variations quand on évolue vers l'intérieur des territoires.

Les Alpes

La chaîne de montagnes des Alpes dresse une frontière entre un grand nombre de pays européens, notamment entre la Suisse, la France et l'Italie. Pour la seule Suisse, les Alpes occupent 60 % du territoire. La plupart des plus hauts sommets des Alpes, qui sont aussi parmi les plus hauts d'Europe, se trouvent en Suisse (excepté le mont Blanc, le sommet le plus élevé avec 4810 mètres qui, lui, est en France). Le mont Rose culmine à 4634 mètres, le Cervin à 4478 mètres, le Grand Combin à 4314 mètres, etc. Ces montagnes, dont certaines sont recouvertes de neige et de glace pendant toute l'année, constituent aussi le château d'eau de l'Europe, car les fleuves du Rhin et du Rhône y prennent leur source, notamment dans le massif du Saint-Gothard.

ACTIVITÉS

1 **Quels sont les principaux pays ayant une frontière commune avec les pays et territoires francophones de l'Europe ?**

2 **Décrivez le relief de ces différents pays et territoires.**

3 **Citez trois pays traversés par les Alpes.**

4 **Quel est le mont le plus élevé des Alpes ?**

5 **Citez deux autres sommets importants des Alpes et précisez leur altitude.**

6 **Pourquoi dit-on que les Alpes constituent le château d'eau de l'Europe ?**

7 **De quelle période datent les premières traces humaines en Suisse ?**

8 **À quelle période le Val d'Aoste a-t-il appartenu à la France ?**

La famille royale de Belgique, symbole de l'unité du pays.

POLITIQUE

Les territoires ont des statuts politiques différents :

- **Le Val d'Aoste**, situé en Italie, bénéficie d'une grande autonomie. L'État italien lui reconnaît une certaine spécificité, liée au fait que les populations sont d'origine celte, et non romaine comme dans le reste de l'Italie, mais aussi due au fait que la langue française y est toujours parlée.
- **La Belgique** est une monarchie parlementaire, c'est-à-dire que le roi règne, mais ne gouverne pas. Le royaume est en fait dirigé par un Premier ministre qui détient une majorité au Parlement.
- **Le Grand-Duché du Luxembourg** est une monarchie constitutionnelle, c'est-à-dire que le roi gouverne et, ici, il porte le titre de « grand-duc ».
- La Suisse est un démocratie parlementaire.

ÉCONOMIE

Les ressources des pays francophones européens proviennent essentiellement du **secteur tertiaire**. Ces pays, qui n'ont pas de ressources naturelles, ont créé de grandes entreprises de transformation.

Le Luxembourg et la Suisse sont aussi le lieu de concentration de nombreuses banques. La Suisse et le Val d'Aoste constituent d'importants pôles touristiques, notamment pour les skieurs.

La Belgique et la Suisse disposent d'industries de transformation des matières premières (cacao, café) parmi les plus réputées au monde. Tous ces territoires sont aussi fortement agricoles.

Le roi des Belges

La Belgique est un royaume. En 1831, quand l'indépendance de ce pays fut prononcée, Léopold de Saxe-Cobourg en fut désigné premier roi. Depuis lors, la monarchie a toujours joué un rôle de conciliation entre **les deux principales communautés** du pays, à savoir **les Wallons*** (Belges francophones) et **les Flamands***. Selon les historiens, l'expansion économique qu'a connue la Belgique à la fin du XIXe siècle est liée à l'action du roi Léopold II. À cette époque, un territoire africain immensément riche s'étendant le long du fleuve Congo (l'actuelle République démocratique du Congo) lui fut cédé, faisant de la Belgique une puissance coloniale importante.

ACTIVITÉS

1 **Citez les différents statuts politiques des pays francophones européens.**

2 **Quelle est la différence entre une monarchie constitutionnelle et une monarchie parlementaire ?**

Le Luxembourg est un Grand-Duché et son chef de l'exécutif ou chef de l'État est le Grand-Duc. Les lois autorisent le Grand-Duc à gouverner librement, donc à organiser son gouvernement comme il l'entend. Mais, dans la pratique, il s'appuie toujours sur les élections pour choisir son gouvernement.

3 **Quel est le nom du premier roi de Belgique ?**

4 **Quel rôle a toujours joué la monarchie dans l'unité de la Belgique ?**

5 **Quel est le territoire africain légué au roi des Belges pendant la colonisation ?**

6 **À partir de recherches (voir p. 66), comparez les superficies de ce territoire et de la Belgique. Dites quel atout économique ce territoire pouvait représenter pour la Belgique.**

7 **Quelles sont les ressources économiques des pays et territoires francophones européens ?**

8 **Quelles sont les principales matières premières transformées en Suisse et en Belgique ?**

Panneau multilingue de signalisation en montagne, en Suisse.

LANGUES

Les pays francophones parlent un français parfois légèrement influencé par les langues voisines ainsi que divers autres facteurs qui ne sont pas clairement définis. Les **dialectes alémaniques*** (parlés en Suisse et proches de l'allemand) et **le flamand*** (en Belgique, langue voisine du néerlandais) influencent par exemple la prononciation de certains mots en français. Il en est de même des chiffres qui peuvent varier selon que l'on est en France ou bien en Suisse, en Belgique ou au Luxembourg. Par exemple :

- « soixante-dix » se dit *septante* ;
- « quatre-vingts » se dit *huitante* ;
- « quatre-vingt-dix » se dit *nonante*.

De nombreux mots nouveaux apparaissent également dans le vocabulaire courant. En Suisse par exemple :

- *panosse* veut dire « serpillière » ;
- *chenit* veut dire « désordre » ;
- *lavette* veut dire « gant de toilette » ;
- *signofile* veut dire « clignotant » ;
- *souper* veut dire « dîner ».

RELIGIONS

La principale religion de ces pays est le christianisme (catholicisme et protestantisme). L'islam est de plus en plus répandu, en particulier en Belgique, qui accueille une forte population immigrée venue notamment d'Afrique du Nord. La Suisse est également une terre fertile pour l'émergence de nombreuses religions nouvelles, issues de scissions du christianisme.

Territoires multilingues

Dans les pays francophones européens, on parle en général plusieurs langues :

- En Belgique, 45 % de francophones cohabitent avec des Belges qui parlent le flamand et d'autres Belges parlant l'allemand.
- En Suisse, 20 % de la population est francophone, et cohabite avec des Suisses parlant l'allemand et d'autres Suisses parlant l'italien. Mais on considère que 77 % des Suisses sont capables de tenir une conversation en français.
- Au Luxembourg, le français cohabite avec le luxembourgeois et l'allemand. 20 % de Luxembourgeois sont francophones, mais on considère qu'ils sont 86 % à pouvoir s'exprimer normalement en français.
- Dans le Val d'Aoste, on parle l'italien et le français. Si le français n'est pas une langue officielle dans ce territoire qui dépend de l'Italie, il bénéficie cependant d'une protection juridique.

ACTIVITÉS

1 **Comment dit-on, chez les francophones suisses, belges ou luxembourgeois :**

- soixante-dix ? ______
- quatre-vingts ? ______
- quatre-vingt-dix ? ______

2 **Que signifient en français les mots suisses :**

- *panosse* ? ______
- *chenit* ? ______
- *lavette* ? ______
- *signofile* ? ______
- *souper* ? ______

3 **Les titres ci-contre sont extraits de journaux suisses. Recherchez les termes français spécifiques à ce pays.**

______

______

______

• Quatre immeubles en flammes à cause d'un barbecue
INCENDIE Une septantaine de pompiers ont été mobilisés pour maîtriser le sinistre qui s'est propagé par les toits à la rue Beau-Séjour. Personne n'a été intoxiqué mais l'intervention s'est avérée périlleuse.

• Quelle vie après la politique ?
RECONVERSION Éjectés du pouvoir, les politiciens ont souvent de la peine à retomber sur leurs pattes. C'est ainsi qu'un an et demi après sa non-réélection, l'ancien municipal lausannois B.M. timbre au chômage.

4 **Quelles sont, à part le français, les autres langues parlées en :**

- Belgique ? ______
- Suisse ? ______
- Luxembourg ? ______
- Val d'Aoste ? ______

5 **Quelles sont les proportions de francophones en :**

- Belgique ? ______
- Suisse ? ______
- Luxembourg ? ______

6 **Quelles sont les principales religions pratiquées dans ces territoires ?**

______

______

HOMMES DE LETTRES

Georges Simenon

Georges Simenon, né en 1903 et mort en 1989, est le plus célèbre des romanciers belges francophones. Auteur de plus de 200 romans sous 17 pseudonymes différents, il est surtout connu pour avoir inventé le personnage de **Maigret**, un commissaire de police, adapté au petit écran ces dernières années. Pendant sa foisonnante vie littéraire, il a publié quatre-vingts *Maigret*. Il s'est aussi fait remarquer par d'autres romans policiers, tels *Les Treize Coupables*, *Les Treize Énigmes*, *Les Treize Mystères*, etc.

Le pseudonyme qu'affectionnait le plus Georges Simenon est Jean Du Perry.

Georges Simenon reste l'écrivain francophone belge le plus connu.

Jacques Chessex

Jacques Chessex, né en 1934 en Suisse, est surtout connu pour avoir été le premier auteur suisse à recevoir le prix Goncourt, en 1973, avec le roman *L'Ogre*. Ce romancier et poète de talent, dont les thèmes récurrents de ses ouvrages sont la solitude, l'érotisme ou la fascination de la mort, est l'auteur d'une œuvre importante dans laquelle se distinguent les romans : *L'Ardent Royaume* (1975), *Yeux jaunes* (1976), *La Trinité* (1992), *L'Imitation* (1998), *Sosie d'un saint* (2000).

Jacques Chessex maintient la vitalité de la francophonie suisse.

Edmond Dune

Edmond Dune, né en 1914 et mort en 1988, est l'un des écrivains francophones luxembourgeois les plus célèbres. Il est à la fois romancier, poète et dramaturge. Ses pièces de théâtre les plus connues : *Les Taupes* (1957) et *Les Tigres* (1966). Ses principaux romans sont : *Révélations* (1958), *Usage du temps* (1946), *Enfantines* (1950), *Brouillard* (1956), *La Roue et le moyeu* (1983).

Autres écrivains francophones européens

- Camille Lemonnier (Belgique), *Un mâle* (roman), 1867.
- Suzanne Lilar (Belgique), *Une enfance gantoise*, 1976.
- Philippe Jaccottet (Suisse), *Paysages avec figures absentes* (poésie), 1970.
- Yves Laplace (Suisse), *Mes chers enfants* (roman), 1985.

ACTIVITÉS

1

Le commissaire Maigret a fait ses débuts dans quatre romans publiés sous divers pseudonymes : *Train de nuit, La Jeune Fille aux perles, La Femme russe, La Nation de l'inquiétude.* Dans ces romans, Maigret est un détective qui essaie de comprendre le criminel.

Combien de romans Georges Simenon a-t-il écrit où il met en scène le commissaire Maigret ?

• Citez trois autres romans écrits par Simenon.

---

2 **Connaissiez-vous déjà le commissaire Maigret ?**
Si oui, comment l'avez-vous connu ?

☐ À la télévision ☐ À travers les romans de Georges Simenon

3 **En quelle année et avec quel roman Jacques Chessex gagne-t-il le prix Goncourt ?**

4

Le silence matinal est beau et nu
De sa lèvre vient plus de force
Que du torrent d'avril
Ainsi je trouve la paix
Nécessaire à passer les mailles du jour…

Extrait de *Le Désir de la neige,* de Jacques Chessex, Éditions Grasset, Paris.

Quels thèmes Jacques Chessex développe-t-il dans ses œuvres ?

• Lequel de ces thèmes est traité dans l'extrait de poème ci-dessus ?

---

5 **Quelles sont les différentes casquettes littéraires d'Edmond Dune ?**

---

6 **Citez trois romans d'Edmond Dune et leur date de parution.**

1

VILLE

Bruxelles

le centre de l'Europe

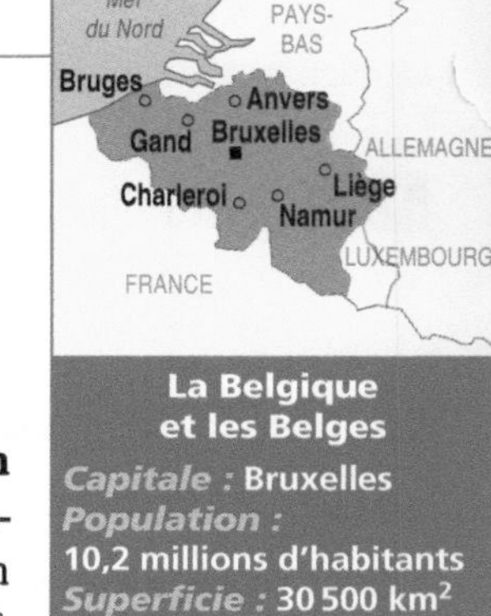

La Belgique et les Belges

Capitale : Bruxelles
Population : 10,2 millions d'habitants
Superficie : 30 500 km²

LA BELGIQUE, avec sa capitale Bruxelles, est aussi la capitale de l'**Union européenne**. C'est là que siège la **Commission européenne**, qui en est la principale instance de décision. Selon les « pères » de l'Union européenne, ceux-là mêmes qui se sont battus après la Seconde Guerre mondiale pour que l'Allemagne et les autres pays européens puissent à nouveau s'entendre, Bruxelles semblait naturellement destinée à tenir ce rôle. Dans l'histoire de l'Europe, la Belgique a toujours joué ce que les spécialistes de la politique internationale appellent un « rôle tampon » entre les grandes puissances européennes que sont la France, l'Allemagne et l'Angleterre. De plus, Bruxelles offre un exemple de cohabitation sans grands heurts entre communautés. Car la ville est peuplée à la fois de **francophones** (les Wallons*) et de **Flamands***, qui sont les **deux principales communautés** de la Belgique. Cela en fait une ville de tolérance.

L'Union européenne

Hormis la **Commission européenne**, l'Union européenne s'est dotée d'un **Parlement**, qui est situé à Strasbourg, en France. Si on schématise, la Commission européenne est comme un gouvernement, qui travaille sous le contrôle du Parlement. Ces deux instances sont chapeautées par le **Conseil européen**, qui est la réunion des chefs d'État ou de gouvernement de l'Union européenne, se tenant deux fois par an. C'est ce Conseil qui définit les grands axes de la politique de l'Union européenne, que la Commission et le Parlement mettent en œuvre.

Le Conseil européen est dirigé pendant six mois par un pays membre de l'Union européenne, de manière tournante.

Ce magnifique bâtiment appelé « Berlaymont » abrite le siège de la Commission européenne, à Bruxelles.

ACTIVITÉS

1 **Pourquoi Bruxelles est-elle considérée comme la capitale de l'Europe ?**

2 **Quels sont les atouts qu'offrait Bruxelles pour le devenir ?**

3 **Les instances européennes**

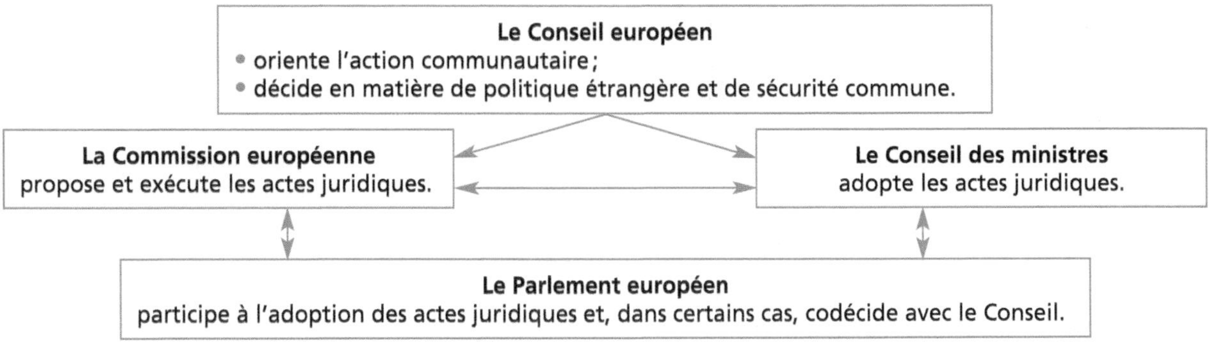

Le Conseil européen
- oriente l'action communautaire ;
- décide en matière de politique étrangère et de sécurité commune.

La Commission européenne
propose et exécute les actes juridiques.

Le Conseil des ministres
adopte les actes juridiques.

Le Parlement européen
participe à l'adoption des actes juridiques et, dans certains cas, codécide avec le Conseil.

INSTITUTIONS SPÉCIALISÉES
- **La Cour de justice** (CJCE) garantit l'application du droit communautaire.
- **Le Conseil économique et social** (CES) donne des avis.
- **La Cour des comptes** contrôle les recettes et les dépenses.
- **Le Comité des régions** donne des avis.

Selon vous, quels sont les avantages et les inconvénients d'un regroupement de pays comme l'Union européenne ?

4 **Sur la carte de l'Europe de la page 180, placez la Belgique.**
Citez cinq villes importantes de Belgique.

5 **Comment appelle-t-on les populations originaires de Belgique ?** ____________

2

BELGIQUE
ALLEMAGNE
Clervaux
Luxembourg
FRANCE

Le Luxembourg et les Luxembourgeois
Capitale : Luxembourg
Population : 442 000 habitants
Superficie : 2 586 km²

TRAVAIL

les frontaliers

une transhumance moderne

La ville de Luxembourg.

AU LUXEMBOURG, les **frontaliers** représentent 38 % de l'emploi dans le pays.

Selon des chiffres officiels, 105 000 personnes habitant les pays limitrophes du Grand-Duché s'y rendent chaque matin, ou chaque début de semaine, pour travailler. Parmi eux, 56 000 Français et 28 000 Allemands. Les frontaliers travaillent surtout dans les quelque 200 banques en activité dans ce pays. Ce qu'on appelle là-bas le phénomène des transfrontaliers crée souvent d'importants embouteillages sur les axes routiers communiquant avec la France, l'Allemagne et la Belgique. Mais pour ce pays économiquement prospère, qui n'atteint même pas 500 000 habitants, ces emplois sont d'une très grande importance.

BOISSON

la grappa

l'eau-de-vie

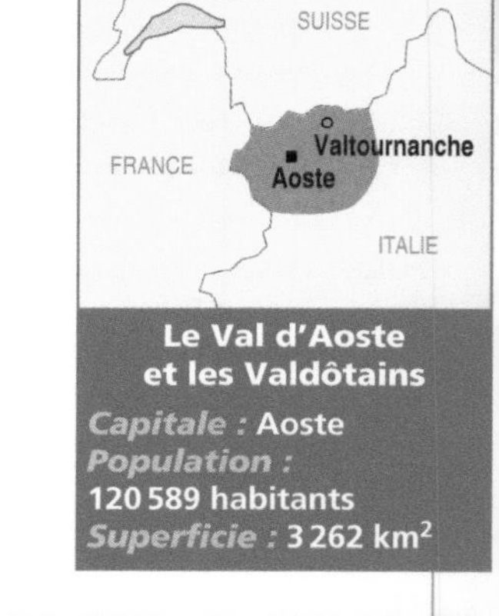

Le Val d'Aoste et les Valdôtains
Capitale : Aoste
Population : 120 589 habitants
Superficie : 3 262 km²

AU VAL D'AOSTE, on ne manquera pas de vous servir à la fin des repas un vin digestif, la ***grappa****, que les populations locales qualifient également d'« eau-de-vie ». *Grappa* viendrait de *graspa*, qui veut dire « raisin pressé ». Pour l'obtenir, les raisins sont détachés de la **rafle*** au cours d'une opération qu'on appelle **éraflage*** (ou égrappage). Ils sont ensuite pressés après fermentation alcoolique. On obtient le marc de raisin, qui est à nouveau fermenté en cuve. On y ajoute de la lie de levure et on procède à la distillation. On obtient alors la grappa. En général, la grappa est cristalline et a une teneur en alcool de 40 %. Elle peut parfois prendre une couleur jaune ou brune.

Les grappas sont classées d'après leur terre d'origine. Entre toutes, la grappa du Val d'Aoste a une réputation exceptionnelle.

La grappa, un digestif de classe.

ACTIVITÉS

1 **Quel est le pourcentage de travailleurs frontaliers employés au Luxembourg ?**

2 **De quels pays viennent-ils principalement et dans quelle proportion ?**

3 **Quel est le secteur qui emploie le plus ces travailleurs ?**

4 Le nom « Luxembourg » viendrait de *Lucilinburhuc*. En 963, un comte nommé Sigefroi décide d'acquérir une portion de terre rocailleuse sur le site de l'abbaye de Saint-Maximin de Trèves. Tout près de ce territoire se trouve un fort nommé *Lucilinburhuc*, un nom d'origine romaine, qui deviendra d'abord le nom de la ville, avant de devenir plus tard le nom de tout le pays.

Sur la carte de l'Europe de la page 180, placez le Luxembourg.
Citez deux villes importantes du Luxembourg.

- **Comment appelle-t-on les populations originaires du Luxembourg ?**

5 **Que signifie *grappa* ?**

6 **Quelle autre appellation préfèrent lui donner les habitants du Val d'Aoste ?**

7 **Comment la fabrique-t-on ?**

8 **Sur la carte de l'Europe de la page 180, placer le Val d'Aoste.**
Citez deux villes importantes du Val d'Aoste.

Comment appelle-t-on les populations originaires du Val d'Aoste ?

3

POLITIQUE

le référendum, pour tout !

La Suisse et les Suisses

Capitale : Berne
Population : 7,1 millions d'habitants
Superficie : 41 285 km²

EN SUISSE, le peuple est régulièrement appelé à se prononcer sur les questions importantes. Tout citoyen majeur, qui jouit de ses droits civiques, peut s'opposer à une loi votée par le Parlement ou à un décret signé par le gouvernement. Il doit réunir au moins cinquante mille signatures de personnes opposées à ces textes. S'il réussit à obtenir toutes ces signatures en cent jours, lesdits textes seront soumis à un **référendum**, et l'ensemble du peuple sera appelé à se prononcer.

Les citoyens jouissant de leurs droits civiques peuvent également proposer des lois. On appelle cela le « **droit d'initiative populaire** ». Si quelqu'un réussit à réunir cent mille signatures, ses propositions seront soumises au vote du peuple. Les Suisses appellent cela une **votation populaire***. Cela fait de la Suisse un des rares exemples encore existants de démocratie directe.

La Suisse doit-elle adhérer à l'ONU ? Le 3 mars 2002, une majorité de Suisses a répondu « oui ».

La démocratie en Europe

En Europe, la plupart des systèmes politiques sont démocratiques. La démocratie est définie comme un gouvernement du peuple, par le peuple et pour le peuple. Les élections permettent de désigner les principaux dirigeants et le Parlement qui vote les lois. Cela permet à l'Europe occidentale d'éviter des guerres et aux économies de ces pays de rester performantes. Mais, de tous les pays, la Suisse est pratiquement la seule à pratiquer encore une forme de démocratie directe, c'est-à-dire où le peuple est régulièrement consulté pour décider de ce qui est bon ou mauvais pour lui. Dans les autres pays, la plupart des lois sont votées par le Parlement, et ce n'est que celles jugées plus importantes qui sont soumises au vote du peuple, lors des référendums.

ACTIVITÉS

1 Que peut faire, en Suisse, un citoyen pour s'opposer à un texte du gouvernement ou du Parlement ?

2 Définissez le « droit d'initiative populaire » ?

3 Qu'est-ce qu'une « votation populaire » ?

4 Comment fonctionne un système démocratique ?

5 Selon vous, la démocratie est-elle un système politique parfait ?

6 Qu'est-ce que la démocratie a permis, ces dernières années, d'éviter à l'Europe ?

7 Sur la carte de l'Europe de la page 180, placez la Suisse.
Citez cinq villes importantes de Suisse.

8 Comment appelle-t-on les populations originaires de Suisse ?

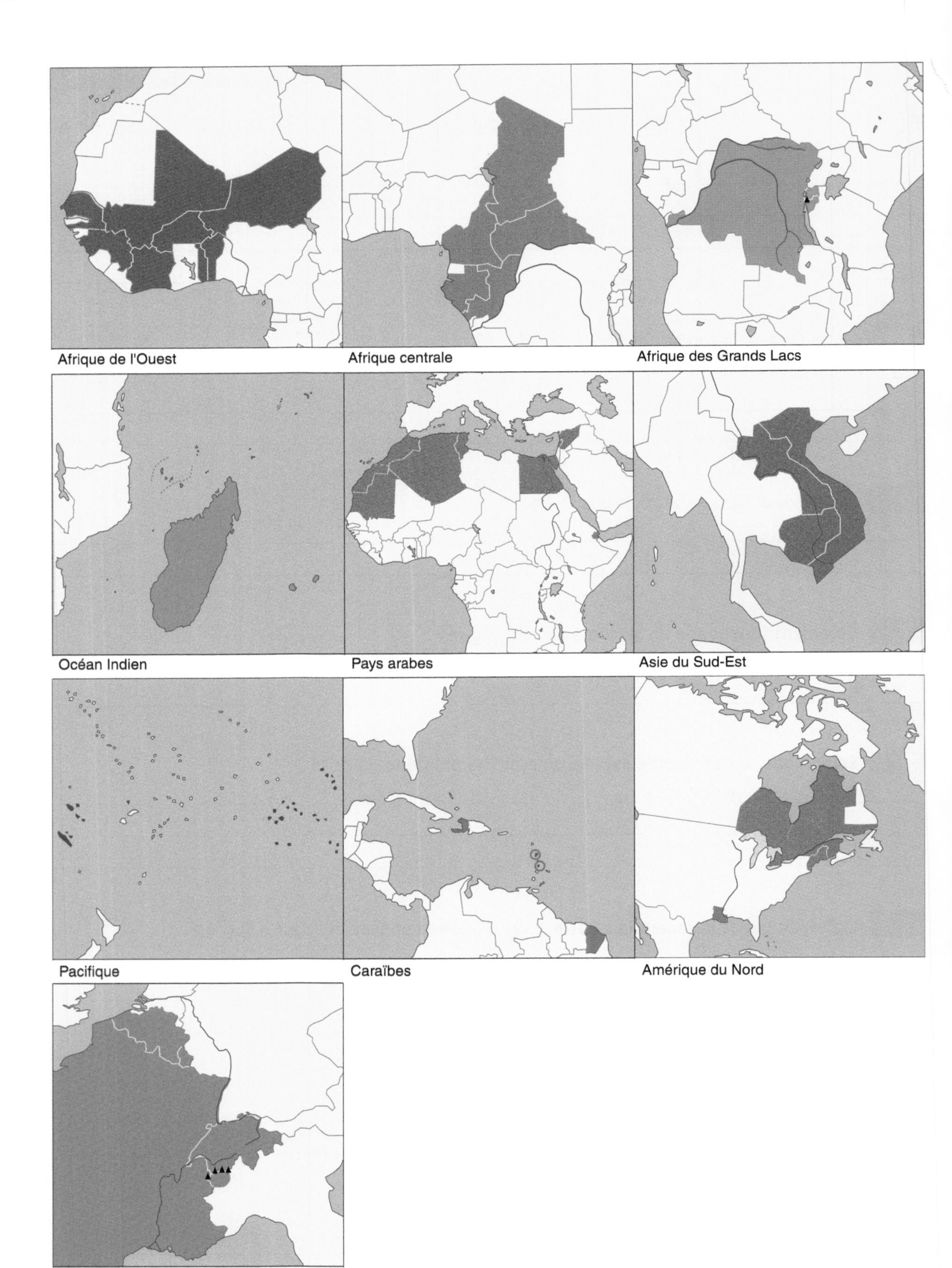
Afrique de l'Ouest
Afrique centrale
Afrique des Grands Lacs
Océan Indien
Pays arabes
Asie du Sud-Est
Pacifique
Caraïbes
Amérique du Nord
Europe

LEXIQUE

Les mots suivis d'un astérisque sont expliqués dans ce lexique.

abacost (n.m.) **:** costume à col court porté par les dignitaires zaïrois pendant les années 1970-1980.

aborigène (n. et adj.) **:** premier habitant d'une contrée, autochtone*, indigène.

Acadien, Acadienne (n.) **:** francophone de la province du Nouveau-Brunswick au Canada. ♦ **acadien, acadienne** (adj.).

Afar(s) (n.pl.) **:** groupe ethnique ou clan à Djibouti.

agriculture (n.f.) **extensive :** forme d'agriculture artisanale, dont la production est peu importante. ♦ **agriculture** (n.f.) **intensive :** forme d'agriculture rentable, avec une production de masse.

Akan(s) (n.pl.) **:** groupe ethnique en Côte d'Ivoire. ♦ **akan** (adj.).

alémanique → dialecte.

anatta (n.m.) **:** un des piliers du bouddhisme dit du petit véhicule.

anicca (n.m.) **:** un des piliers du bouddhisme dit du petit véhicule.

Antillais, Antillaise (n.) **:** personne originaire des Antilles françaises (Guadeloupe, Martinique, Guyane...) ♦ **antillais, antillaise** (adj.).

Arabo-Shirazi : populations originaires du golfe Persique.

araméen (n.m.) **:** langue très ancienne, au même titre que l'hébreu, née en Syrie et au Liban.

arbre (n.m.) **à palabres :** dans les villages africains, grand arbre autour duquel se réunissaient les sages, pour régler les différents conflits.

arioi : secte tahitienne.

arménien (n.m.) **:** langue très ancienne, parlée aujourd'hui encore par le peuple arménien, qu'on retrouve dans l'État d'Arménie, en Iran ou en Géorgie.

australopithèque (n.m.) **:** hominidé fossile découvert en Afrique australe.

austro-indonésienne ou **austronésienne** (adj.) **:** (langue) des régions allant du Pacifique à l'Asie du Sud-Est.

authenticité (n.f.) **:** caractère de ce qui est authentique, c'est-à-dire véritable, sincère, conforme aux origines ; **politique de l'authenticité**, politique menée dans les années 1970 et 1980 dans l'ex-Zaïre, aujourd'hui République démocratique du Congo.

autochtone (n. et adj.) **:** personne ou population originaire des territoires qu'elle habite.

bagasse (n.f.) **:** fibres de canne à sucre restant après l'extraction du jus, qui servent principalement d'engrais dans les champs.

Bakongo(s) (n.pl.) **:** groupe ethnique qu'on retrouve au Congo-Brazzaville, en République démocratique du Congo et en Angola. Leur langue est le kikongo*.

balafon (n.m.) **:** instrument à percussions, servant à jouer de la musique traditionnelle africaine.

Bambara(s) (n.pl.) **:** groupe ethnique au Mali. ♦ **bambara** (n.m.) **:** leur langue.

bambou (n.m.) **:** plante de la forêt tropicale donnant un matériau souple et léger utilisé pour construire des cases ou des haies.

Bamiléké(s) (n.pl.) : groupe ethnique au Cameroun. ♦ **bamiléké** (n.m.) : leur langue.

banga (n.m.) : case construite à Mayotte pour l'habitation des jeunes garçons.

Bangala(s) (n.pl.) : groupe ethnique du Congo.

Bantou(s) (n.pl.) : ensemble des populations africaines vivant au sud de l'Équateur ; ces populations parlent des langues bantoues.

Baoulé(s) (n.pl.) : ethnie* en Côte d'Ivoire.

Bassa(s) (n.pl.) : ethnie* au Cameroun.

bassin (n.m.) : ici, partie du corps humain comprenant les reins et les fesses.

baye-fall (n.m.) : disciple au service de la confrérie des mourides*.

Berbère(s) (n.pl.) : habitants de l'Afrique du Nord qu'on retrouve principalement en Algérie, au Maroc, au sud de la Tunisie et en Libye ; ils parlent différents dialectes berbères. ♦ **berbère** (adj.). ♦ **berbère** (n.m.) : ces dialectes.

Beti(s) (n.pl.) : groupe ethnique du Cameroun.

bichlamar (n.m.) : langue parlée au Vanuatu, caractérisée par un mélange d'anglais, de français et de langues locales.

biguine (n.f.) : rythme musical antillais.

bobre (n.m.) : instrument à percussions servant à jouer le rythme séga, dans les îles de l'océan Indien.

boîte (n.f.) **de nuit** : bar ou cabaret ouvert la nuit, où l'on peut danser et écouter de la musique.

boubou (n.m.) : vêtement ample en tissu africain.

branché(e) (adj.) → jeunesse.

breton (n.m.) : langue d'origine celte, parlée dans l'ouest de la France, par les Bretons.

brousse (n.f.) → viande.

bwiti (n.m. et adj.) : rites magico-religieux au Gabon.

Cajun(s) (n.pl.) : anciens Acadiens chassés du Canada, installés en Louisiane (États-Unis). ♦ **cajun** (adj.). ♦ **cajun** (n.m.) : leur langue, influencée par le français.

Caraïbéen, Caraïbéenne (n.) : personne des territoires voisins de la mer des Caraïbes ou mer des Antilles, en Amérique centrale.

carthaginois (adj.) : de Carthage, empire puissant installé sur l'actuelle Tunisie, qui a dominé la Méditerranée de 814 à 146 avant Jésus-Christ.

case (n.f.) : petite maison.

cayotinh (n.m.) : technique de recherche d'or en Amérique du Sud.

Chamite(s) (n.pl.) : populations de la Corne* de l'Afrique et d'Afrique du Nord. Elles parlent des langues d'origine africaine et arabe, les **langues chamito-sémitiques**.

cheb (n.m.) : jeune chanteur de raï* en Algérie.

chefferie (n.f.) : lieu d'exercice du pouvoir politique dans les villages africains.

cheikh (n.m.) : de l'arabe *chaykh*, « vieillard ». En Algérie, chanteur de raï* de plus de 40 ans.

Ciluba(s) (n.pl.) [ʃiluba] : groupe ethnique en République démocratique du Congo. ♦ **ciluba** (n.m.) : leur langue.

circoncision (n.f.) : ablation du prépuce chez le jeune garçon, accompagnée de cérémonies traditionnelles chez les Africains.

clan (n.m.) : groupe familial ou ethnique, ou regroupement de tribus* proches les unes des autres, organisé pour gérer un territoire ou une cité en Afrique.

coco-fesse (n.f.) ou **coco-de-mer** (n.f.) : graines doubles de coco, qui ont la forme des fesses humaines, et que l'on trouve principalement aux Seychelles.

colonie (n.f.) **:** territoire administré par une nation étrangère, vis-à-vis de laquelle il a des rapports de dépendance sur les plans politique, économique et culturel.

compa (n.m.) **:** rythme musical antillais.

comptoir (n.m.) **de vente (d'esclaves) :** lieu de la côte africaine où étaient vendus les esclaves.

Confejes : Conférence des ministres de la Jeunesse et des Sports des pays francophones.

Confemen : conférence des ministres de l'Éducation des pays francophones.

confrérie (n.f.) **:** association pieuse ou regroupement de personnes d'une même profession ; chez les musulmans, communauté de fidèles regroupés autour d'un chef charismatique.

copte (n. et adj.) **:** chrétien d'Égypte. ♦ **copte** (n.m.) **:** langue des coptes.

cora (n.f.) **:** instrument de musique traditionnelle d'Afrique de l'Ouest.

Corne (n.f.) **de l'Afrique :** nom donné à l'extrémité orientale de l'Afrique.

corsaire (n.m.) **:** pantalon moulant s'arrêtant au niveau du genou, comme en portaient autrefois les corsaires (les pirates).

créole (n.m.) **:** nom des différentes langues parlées dans les îles des Caraïbes, du Pacifique et de l'océan Indien, formées d'un mélange de langues européennes et de langues locales.

cuirassé (adj.) **:** éléphant cuirassé, protégé par une cuirasse, une armure.

débrouillard (adj.) **:** se dit d'une personne qui arrive toujours à trouver ce dont elle a besoin, par exemple en faisant des petits travaux, des « petits boulots ».

dépecer (v.) **:** retirer la peau d'un animal après l'avoir tué et le découper en morceaux.

désensorceler, désenvoûter (v.) **:** rite magico-religieux qui consiste à libérer d'un mauvais sort une personne malchanceuse. ♦ **désensorcellement, désenvoûtement** (n.m.) : le résultat de ce rite.

dialecte (n.m.) **:** forme particulière d'une langue, propre à une région donnée ; **dialecte alémanique**, dialecte suisse issu de l'allemand.

diaspora (n.f.) **:** dispersion dans le monde entier d'une population de même origine (ethnique ou religieuse).

Dioula(s) (n.pl.) **:** groupe ethnique en Côte d'Ivoire et au Burkina Faso.

dixième département (n.m.) **:** diaspora* haïtienne.

djailco la mabélé (n.m.) **:** étape du grand mariage* aux Comores.

djéléo (n.m.) **:** étape du grand mariage* aux Comores.

djoun (n.m.) **:** au Maroc, génie, esprit responsable de troubles névrotiques pour la confrérie* des gnaouas*.

dukkha (n.m.) **:** un des piliers du bouddhisme dit du petit véhicule*.

eau (n.f.) **de coco :** boisson contenue dans les noix de coco.

efun (n.m.) [efun] **:** étape du rite bwiti* chez les Gabonais.

enclavé (adj.) **:** (pays ou région) qui n'a aucun accès à la mer.

ensorceler, envoûter (v.) **:** jeter un mauvais sort à quelqu'un, c'est-à-dire effectuer un rite magico-religieux pour lui faire du tort.

éraflage (n.m.) : opération qui consiste à séparer les grains de raisin du reste de la grappe (la rafle*).

étalon (n.m.) : cheval (ou animal mâle d'une espèce domestique) destiné à la reproduction.

ethnie (n.f.) : groupe humain partageant une même culture et parlant une même langue. ♦ **ethnique** (adj.).

évangéliste (n. ou adj.) : ici, protestant membre de l'une des Églises réformées.

Éwondo(s) (n.pl.) : ethnie au Cameroun. ♦ **éwondo** (n.m.) leur langue.

exhumation (n.f.) : action d'exhumer, de déterrer un cadavre.

extensif, extensive (adj.) → agriculture.

F

famadihana (n.m.) : fête de l'exhumation* des morts à Madagascar.

Fang(s) (n.pl.) : ethnie* qu'on retrouve au Gabon, au Cameroun et en Guinée équatoriale. ♦ **fang** (n.m.) : leur langue.

fantôme (n.m.) : apparition d'une personne morte, le plus souvent malveillante.

faradi (n.m.) : tambour utilisé dans la musique gnaoui*, au Maroc.

fièvre (n.f.) **aphteuse** : maladie infectieuse qui touche généralement le bétail.

Flamand, Flamande : personne de Belgique qui parle le flamand. ♦ **flamand, flamande** (adj.). ♦ **flamand** (n.m.) : une des langues officielles de la Belgique, proche du sud-néerlandais.

fon (n.m.) : une des langues maternelles parlées en Afrique de l'Ouest.

forgeron (n.m.) : artisan qui travaille le fer.

fuite (n.f.) **des cerveaux** : départ des intellectuels hors de leur pays d'origine.

fumier (n.m.) : engrais pour les champs constitué des bouses d'animaux.

funèbre (adj.) → veillée.

G

gacaca [gatʃatʃa] : au Rwanda, tribunal organisé par la population, pour juger les personnes soupçonnées de génocide* en 1994.

Gadaboursi(s) (n.pl.) : groupe ethnique ou clan à Djibouti.

ganga (n.m.) : tambour utilisé dans la musique gnaoui*, au Maroc.

Ganwas : lignée des rois de l'empire de Ruanda-Urundi, aujourd'hui séparé en deux États, le Rwanda et le Burundi.

gaou (n.m.) : personne naïve, en argot ivoirien.

génocide (n.m.) : tueries massives pour éliminer un peuple ou une ethnie*.

gnaoua(s) (n.m.) : confrérie religieuse au Maroc ; adepte de cette confrérie.

gnaoui (adj.) : de la confrérie des gnaouas*.

go (n.f.) : en argot ivoirien, femme ou fille.

goyave (n.f.) : fruit des pays tropicaux.

Grand Dérangement (n.m.) : déplacement violent de nombreux Acadiens, en 1755, vers la Louisiane.

grand mariage (n.m.) : aux Comores, mariage important qui comprend plusieurs étapes et nécessite de grosses dépenses.

grand tintamarre (n.m.) : grand bruit organisé dans les rues au Nouveau-Brunswick, pour fêter le 15 août, jour de la fête nationale.

grand véhicule ou **mahayana** (n.m.) : forme de bouddhisme pratiqué principalement en Chine et au Vietnam, qui fait de Bouddha un dieu.

grappa (n.f.) : boisson alcoolisée fabriquée à partir des raisins, au Val d'Aoste (de l'italien *grappa* = eau-de-vie).

gri-gri ou **grigri** (n.m.) : petit objet magique, censé lutter contre les mauvais sorts en Afrique.

griot (n.m.) : musicien qui raconte l'histoire du village en Afrique de l'Ouest, permettant ainsi de transmettre cette histoire de génération en génération.

guembri [gɛmbri] (n.m.) : instrument de musique inventé il y a plus de 7 000 ans, utilisé dans la musique gnaoui*.

guérisseur, guérisseuse (n.) : personne ayant des pouvoirs magiques lui permettant de guérir des malades.

guerre (n.f.) **de Sept Ans** : guerre menée entre la France et le Canada au XVIIIe siècle, pour le contrôle du Canada, et qui a duré sept ans.

guerre (n.f.) **de Six Jours** : guerre ayant opposé Israël et les pays arabes en 1967, et qui a duré six jours.

H

hallucinatoire, hallucinogène (adj.) : qui perturbe le psychisme des gens, qui donne l'impression de rêver, qui provoque des hallucinations.

hanté (adj.), **maison hantée** : maison qui aurait reçu un mauvais sort.

haoussa (n.m.) : langue maternelle parlée en Afrique de l'Ouest.

haut (n. m) : ici, vêtement qui se porte sur le torse (la partie haute du corps).

hinaya (n.m.) → petit véhicule.

hominidé (n.m.) : ascendant de l'homme et du singe.

houe (n.f.) **artisanale** : outil utilisé dans les champs pour creuser des sillons.

humfor (n.m.) : temple vaudou à Haïti.

Hutu(s) (n.pl.) : groupe ethnique au Rwanda et au Burundi.

iboga (n.m.) : plante hallucinogène* du Gabon, utilisée dans les rites mystico-religieux comme le bwiti*.

igname (n.f.) : plante à tubercules des pays tropicaux.

Imragen(s) [imʀagɛ̃] (n.pl.) : tribu de pêcheurs mauritaniens.

incantation (n.f.) : formule répétée par un gourou ou un sorcier lors de cérémonies mystiques ou religieuses.

initier (v.) : admettre au sein d'une confrérie* ou d'un cercle mystique, selon un certain processus d'adhésion appelé initiation.

intensif, intensive (adj.) → agriculture.

intronisation (n.f.) : cérémonie d'installation d'un chef traditionnel en Afrique.

Issa(s) (n.pl.) : groupe ethnique ou clan à Djibouti.

Issaq(s) (n.pl.) : groupe ethnique ou clan à Djibouti.

J - K

jeunesse (n.f.) **branchée** : jeunes gens et jeunes filles à la mode.

judaïsme (n.m.) : religion juive.

jusant (n.m.) : marée descendante ou reflux.

Kanak(s) ou **Canaque(s)** (n.pl.) : groupe ethnique autochtone de la Nouvelle-Calédonie.

Kassav : nom d'un groupe d'artistes antillais spécialistes du zouk.

kava (n.m.) : plante agissant sur le fonctionnement psychique, consommée au Vanuatu par les populations autochtones*.

keletona (n.m.) : terme désignant le roi de Sigave, un territoire qui dépend de Wallis-et-Futuna.

Khmer(s) (n.pl.) : autre appellation des Cambodgiens. ♦ **khmer** (n.m.) leur langue.

kikongo (n.m.) : langue des Bakongos*.

kinyarwanda (n.m.) : langue vernaculaire* au Rwanda.

kirundi [kirundi] (n.m.) : langue vernaculaire* au Burundi.

L

labourer (v.) : retourner la terre dans un champ.

langue (n.f.) **véhiculaire :** langue permettant à des peuples de différentes régions de communiquer.

langue (n.f.) **vernaculaire :** langue propre à une région donnée.

lavelua (n.m.) : terme désignant l'un des rois à Wallis-et-Futuna.

lingala (n.m.) : langue vernaculaire* parlée par l'ethnie* bangala en république du Congo et en République démocratique du Congo.

long tom (loc.m.) : technique de recherche d'or en Guyane.

machette (n.f.) : grand coutelas servant à défricher les champs en Afrique.

madjilisse (n.m.) : étape du grand mariage* aux Comores.

magal (n.m.) : grand pèlerinage organisé chaque année par les adeptes de la confrérie des mourides*, au Sénégal.

magie (n.f.) **noire :** pratiques de sorcellerie.

mahayana (n.m.) : → grand véhicule.

makossa (n.m.) : rythme musical camerounais.

Malinké(s) ou **Mandingue(s)** (n.pl.) : groupe ethnique qu'on retrouve en Afrique de l'Ouest, principalement en Guinée et au Mali. ♦ **malinké** (n.m.) : leur langue.

mambo (n.m.) : grand prêtre dans les cultes vaudou*.

manioc (n.m.) : plante à tubercules des pays tropicaux.

marabout (n.m.) : grand sage africain, ou personnage pratiquant la magie noire*.

Mélanésien, Mélanésienne (n.) : autochtone* de la Mélanésie, une partie de l'Océanie qui couvre la Papouasie-Nouvelle-Guinée, la Nouvelle-Calédonie, le Vanuatu, les îles Fidji, etc.

menuisier (n.m.) : artisan qui travaille le bois.

métropolitain, métropolitaine (adj. et n.) : vu des DOM-TOM, personne qui vit en métropole (n.f.), c'est-à-dire en France continentale.

meyaya (n.m.) : une des cérémonies du rite bwiti*.

mille collines : le Rwanda est aussi appelé « pays des mille collines », pour son relief très accidenté.

momie (n.f.) : corps desséché et conservé des défunts de l'Égypte antique. ♦ **momification** (n. f.) : ensemble des procédés permettant la transformation du cadavre en momie.

moqadema (n.f.) : femme ayant des pouvoirs magiques chez les gnaouas*, au Maroc ; leur don de voyance leur permet de soigner, c'est pourquoi on les appelle également des « voyantes thérapeutes ».

moré (n.m.) : langue parlée par les Mossis, au Burkina Faso.

moro naba ou **mogho naaba** (loc.m.) : terme désignant le chef des Mossis, au Burkina Faso.

Mossi(s) (n.pl.) : ethnie* installée principalement au Burkina Faso et parlant la langue moré.

mourides (n. pl.) : confrérie* musulmane au Sénégal.

mpamosavy (n.m.) : grand et méchant sorcier, chez les Malgaches.

multipartisme (n.m.) : système politique où coexistent plusieurs partis.

mwami (n.m.) : ancien roi du Rwanda et du Burundi.

N

nana (n.f.) **Benz** : commerçante togolaise, spécialisée dans la vente des pagnes.

ndjangui (n.m.) : système d'épargne populaire au Cameroun.

ndombolo (n.m.) : rythme musical en République démocratique du Congo.

neak ta (n.m.) : génies mystiques qui protègent les terres des Cambodgiens.

ngoze (n.m.) : une des cérémonies du bwiti*, au Gabon.

nkeng (n.m.) : une des cérémonies du bwiti*, au Gabon.

nomade (adj. et n.) : qui ne se fixe pas dans un lieu précis, et qui s'adapte aux contraintes de son environnement.

nouchi (n.m.) : parler populaire ivoirien, constitué d'un mélange de français et de langues maternelles locales.

olono be hasina (loc.m.) **ou ombiasy** (n.m.) : à Madagascar, personnage capable d'entrer en contact avec les morts, afin que ces derniers lui dictent le bien à faire aux vivants.

Oro : nom du dieu de la secte arioi*, à Tahiti.

oukoumbi (n.m.) : danse exécutée pendant le grand mariage* aux Comores.

ouléma (n.m.) : qui étudie les lois de l'islam.

outriya moina dahoni (loc.m.) : étape du grand mariage* aux Comores.

P

pagne (n.m.) : pièce de tissu africain porté principalement par les femmes sous forme de robe longue ou de tailleur.

palabre (n.f. ou m.) → arbre.

parité (n.f.) **1 :** en économie, valeur d'échange constante entre des monnaies. – **2 :** système qui milite pour une plus grande présence des femmes dans tous les domaines de la société.

patate (n.f.) **douce :** plante à tubercule des pays tropicaux.

patois (n.m.) : parler rural utilisé par un groupe restreint.

pentecôtiste (n. et adj.) : adepte d'un mouvement protestant né aux États-Unis au début du XXe siècle.

petit véhicule ou **theravadin, hinayana, voie étroite** : forme de bouddhisme dont l'origine se situe en Inde.

Peul(s) (n.pl.) : ethnie* qu'on retrouve en Afrique de l'Ouest, dont la langue est le pular*.

pidgin (n.m.) : langue issue d'un mélange d'anglais et de langues locales.

pilou-pilou (n.m.) : fête des ignames* en Nouvelle-Calédonie.

poêle (n.f.) **à frire** : ustensile de cuisine ; en Guyane française, ce terme sert également à désigner une technique de recherche d'or.

polygamie (n.f.) : forme de mariage où le conjoint homme a plusieurs femmes.

ponant (n.m.) : terme littéraire pour désigner l'ouest, le « couchant ».

porter malheur : entraîner des conséquences néfastes, malheureuses.

possédé (adj.) : être possédé, être sous l'influence de forces maléfiques.

prophète (n.m.) : personne inspirée par Dieu, qui parle en son nom.

pular [pular] (n.m.) : langue parlée par les Peuls, en Afrique de l'Ouest.

punch (n.m.) : boisson alcoolisée (à base de rhum, le plus souvent), dans laquelle on a ajouté du citron, du sucre et diverses épices.

Pygmée(s) (n.pl.) : populations de petite taille, vivant principalement dans la forêt en Centrafrique, au Gabon, au Congo et au Cameroun.

R

rafle (n.f.) : une grappe de raisin est composée de deux parties, les grains et la rafle.

raï (n.m.) : rythme musical algérien.

ramadan (n.m.) : dans la religion musulmane, période d'abstinence durant un mois et se terminant par des fêtes.

rasta (n. et adj.) : coiffure rasta ou dreadlocks, coiffure à nattes multiples autour de la tête, qu'on retrouve le plus souvent chez les musiciens jamaïcains jouant la musique reggae.

répudiation (n.f.) : dans certaines sociétés, action de rejeter son épouse en la chassant du domicile conjugal.

rituel (n.m.) : cérémonie mystique ou religieuse, qui fait partie des habitudes d'une population.

roméo (n.m.) : ici, terme humoristique et figuré pour « amant ».

S

sacrifier (v.) : ici, tuer un animal pendant un rite magico-religieux.

sango (n.m.) : langue parlée en République centrafricaine.

Sao(s) (n.pl.) : ethnie* vivant sur les bords du lac Tchad.

sape (n.f.) : au Congo, vêtements à la mode. ♦ **sapé** (adj.) ♦ **sapeur** (n.m.).

sarcler (v.) : arracher les mauvaises herbes avant les semences en raclant le sol avec un outil. ♦ **sarclage** (n.m.) : cette action.

sarcophage (n.m.) : cercueil de pierre qui servait à conserver les momies dans l'Égypte antique.

séga (n.m.) : rythme musical des îles de l'océan Indien.

sémitique (adj.) : (langue) dont les origines se situent entre l'Asie occidentale et l'Afrique du Nord, comme l'arabe et l'hébreu.

sérigne (n.m.) : grand prêtre dans la confrérie des mourides*, au Sénégal.

sillon (n.m.) : tranchée creusée dans la terre d'un champ pour y semer les graines.

slow (n.m.) : musique de danse lente et douce.

Songhaï : empire historique africain, qui connut son apogée vers le XIIe siècle.

soukouss (n.m.) : rythme musical au Congo-Brazzaville.

superstition (n.f.) : croyance irraisonnée ou irrationnelle dans le pouvoir de certains objets ou symboles, ou à l'existence de certains phénomènes irrationnels.

surnaturel, surnaturelle (n.m. ou adj.) : qui relève du mystère ou du magique.

syncrétisme (n.m.) : mélange de plusieurs croyances d'ordre religieux ou culturel.

swahili (n.m.) : langue parlée dans une grande partie de l'Afrique de l'Est.

T

tamazight (n.m.) : autre dénomination de la langue berbère en Algérie.

taro (n.m.) : plante à tubercule des pays tropicaux.

tchoukou (n.m.) : fromage à base de lait de dromadaire fabriqué au Niger.

thérapeute (n.) : personne capable de soigner. → moqadema.

théravadin (n.m.) → petit véhicule.

tontine (n.f.) : en Afrique, association de personnes qui versent régulièrement de l'argent dans un fonds commun ; chaque membre reçoit à tour de rôle le montant total d'une collecte.

tontons macoutes : milice formée à Haïti dans les années 1970 pour lutter contre les opposants politiques.

Touareg(s) (n.pl.) : populations berbères nomades qu'on retrouve au Nord-Est de l'Afrique.

transhumance (n.f.) : en Europe, déplacement saisonnier des troupeaux de la plaine vers la montagne ; en Afrique de l'Ouest, déplacement des bergers nomades avec leur troupeau, d'un territoire à un autre.

tribu (n.f.) : groupe de personnes ayant une origine commune.

tu'i agaifo [prononcer « a-i »] (loc.m.) : terme désignant l'un des rois de Wallis-et-Futuna.

Tutsi(s) (n.pl.) : groupe ethnique qu'on retrouve au Rwanda et au Burundi.

U - V

upaupa (n.m.) : spectacle géant de la secte arioi*, à Tahiti.

vaudou (n.m.) : culte constitué d'un mélange de magie noire* et de rituels* chrétiens, pratiqué aux Antilles, à Haïti et en Afrique. ♦ **vaudou** (adj. invariable).

véhiculaire (adj.), **vernaculaire** (adj.) → langue.

veillée (n.f.) **funèbre** : soirée pendant laquelle on veille et on pleure le mort.

vesou (n.m.) : jus brut de canne à sucre.

viande (n.f.) **de brousse** : viande des animaux tués dans la forêt ou dans la savane africaine (la brousse), gibier.

vivrière (culture, agriculture) : destinée à l'alimentation, sans grandes transformations.

voie (n.f.) **étroite** → petit véhicule*.

votation (n.f.) **:** en Suisse, le vote ; **votation populaire** : en Suisse, le référendum.

voyant, voyante (n.) **:** personne ayant la faculté de voir ou de percevoir certains éléments tels que le passé, l'avenir ou d'autres caractères du domaine de l'irrationnel. → moqadema.

Wallon, Wallonne (n.) **:** personne de la communauté francophone de Belgique. ♦ **wallon, wallonne** (adj.).

wax (n.m.) **:** tissu de pagne dont raffolent les femmes d'Afrique de l'Ouest.

Wolof(s) (n.pl.) **:** ethnie* qu'on retrouve principalement au Sénégal. ♦ **wolof** (n.m.) **:** leur langue.

Yorouba(s) (n.pl.) **:** groupe ethnique qu'on retrouve principalement au Nigeria et au Bénin.

zémidjan (n.m.) **:** moto-taxi au Bénin.

zouglou (n.m.) **:** rythme muiscal en Côte d'Ivoire.

zouk (n.m.) **:** rythme musical antillais.

CRÉDITS PHOTOGRAPHIQUES

p. 10 : AFP © Joseph Barrak; **p. 12 :** SIPA PRESS © Jobard/Facelly; **p. 14 :** HOA-QUI © Michel Renaudeau; **p. 16 :** AFP © Seyllou; **p. 18 :** AFP © Issouf Sanogo; **p. 20 g :** SIPA PRESS © Gastaud/T.; **p. 20 d :** MAGNUM © Guy Le Querrec; **p. 22 :** ASK IMAGES © Enrico Bartolucci; **p. 24 :** AFP © Georges Gobet; **p. 26 :** PANAPRESS; **p. 28 :** CIRIC © Deloche; **p. 30 :** HOA-QUI © Michel Renaudeau; **p. 32 :** HOA-QUI © H. Foulque; **p. 34 :** HOA-QUI © Michel Renaudeau; **p. 36 :** COSMOS © Thierry Secretan; **p. 38 :** CORBIS © Gallo Images; **p. 39 :** HOA-QUI © Claude Pavard; **p. 40 :** Corbis-Sygma © Eranian Philippe; **p. 42 :** Droits Réservés; **p. 44 g :** GAMMA © Ulf Andersen; **p. 44 d :** Corbis-Sygma © Sophie Bassouls; **p. 46 :** ASK IMAGES © J. G. Jules; **p. 48 :** Corbis-Sygma; **p. 50 :** COSMOS © Buhrer/Stratus; **p. 52 :** CORBIS © Daniel Lainé; **p. 54 :** AFP; **p. 56 :** CORBIS © Michael S. Lewis; **p. 58 :** SIPA PRESS © Bruwier; **p. 60 :** REA © C. Boisseaux-Chical/La Vie; **p. 62 :** AFP © Mario Lombari; **p. 64 :** CORBIS © Gallo Images; **p. 66 :** Droits Réservés; **p. 68 :** J A I © Yan Latronche; **p. 70 :** CORBIS © Robert Van der Hilst; **p. 72 :** AFP © Pedro Ugarte; **p. 74 :** SIPA PRESS © Rossi Guido; **p. 76 d :** ROGER-VIOLLET © Harlingue; **p. 76 g :** OPALE © P. Matsas; **p. 78 :** HOA-QUI; **p. 80 :** COSMOS © Aurora/Carl D. Walsh; **p. 82 :** HOA-QUI © Claude Pavard; **p. 84 :** Corbis-Sygma © Philippe Giraud; **p. 85 :** HOA-QUI © J.-J. Cagnard; **p. 86 :** HOA-QUI © Ariel Fuchs; **p. 88 :** Ph. Sonneville © Archives Nathan; **p. 89 :** © Archives Larbor; **p. 90 :** GAMMA © 5349; **p. 92 g :** GAMMA © Attar Maher; **p. 92 d :** Coll. Archives Larbor; **p. 94 :** AFP © Marwan Naamani; **p. 96 :** GAMMA © Menouar; **p. 98 :** Coll. ROGER VIOLLET; **p. 100 :** GAMMA © Zebar Nacerdine; **p. 102 :** REA © Éric Bouvet; **p. 104 :** GAMMA © Treal Ruiz; **p. 106 :** COSMOS © Serge Sibert; **p. 108 :** CORBIS © Richard T. Nowitz; **p. 110 :** Corbis-Sygma © Belaid Abdelfatah; **p. 112 :** HOA-QUI © Jacques Brun; **p. 114 :** HOA-QUI © J.-L. Dugast; **p. 116 :** COSMOS © Vo Trung; **p. 118 :** OPALE © P. Matsas; **p. 120 :** HOA-QUI © Olivier Martel; **p. 122 :** GAMMA © Thierry Ravanand; **p. 124 :** CORBIS © Steve Raymer; **p. 126 :** CORBIS © Douglas Peebles; **p. 128 :** Corbis-Sygma © P. Giraud; **p. 130 :** REA © Marta Nascimento; **p. 132 :** Coll. Association pour l'édition des œuvres de Jean Mariotti; **p. 134 ht :** ASK IMAGES © Fausto Giaccone; **p. 134 bas :** CORBIS © Daniel Lainé; **p. 136 ht :** Corbis-Sygma © Sophie Elbaz; **p. 136 bas :** CORBIS © Roger Ressmeyer; **p. 138 :** CORBIS © Everton Macduff; **p. 140 :** HOA-QUI © S. Grandadam; **p. 142 :** HOA-QUI © Marenthier; **p. 144 :** RUE DES ARCHIVES © Louis Monier; **p. 146 haut :** HOA-QUI © Lorne Resnick; **p. 146 bas :** SIPA PRESS © Lecarpentier; **p. 148 :** CORBIS © Alain Nogues; **p. 150 :** REA © Chical Boisseaux/La Vie-REA; **p. 152 :** HOA-QUI © Sempers; **p. 154 :** HOA-QUI © Alain Evrard; **p. 156 :** CORBIS © Bettmann; **p. 158 haut :** SIPA PRESS © Andersen; **p. 158 bas :** CORBIS © Philip Gould; **p. 160 :** RUE DES ARCHIVES/BCA; **p. 162 :** PHOTOCANADA.COM; **p. 164 :** HOA-QUI © Philippe Renault; **p. 166 :** HOA-QUI/HPM; **p. 168 :** GAMMA © Lebrun Didier Photos News; **p. 170 :** AFP © Andréé Noelle; **p. 172 g :** RUE DES ARCHIVES © Horst Tappe; **p. 172 d :** P. Vals – Coll. Archives Larbor; **p. 174 :** HOA-QUI © Buss Wojtek; **p. 176 ht :** HOA-QUI © Otto Werner; **p. 176 bas :** CORBIS © Vittoriano Rastelli; **p. 178 :** REA © François Henry.

N° de projet : 10280510
Achevé d'imprimer en 2021 par Rotolito S.p.A.